高中物理教学改革探索与实践研究

王雅琴 / 编著

西安出版社

图书在版编目（CIP）数据

高中物理教学改革探索与实践研究 / 王雅琴编著
. — 西安：西安出版社，2023.9
ISBN 978-7-5541-7065-6

Ⅰ.①高… Ⅱ.①王… Ⅲ.①中学物理课—教学研究
—高中 Ⅳ.①G633.72

中国国家版本馆CIP数据核字（2023）第168741号

高中物理教学改革探索与实践研究

GAOZHONG WULI JIAOXUE GAIGE TANSUO YU SHIJIAN YANJIU

出版发行：西安出版社
社　　址：西安市曲江新区雁南五路 1868 号影视演艺大厦 11 层
电　　话：（029）85264440
邮政编码：710061
印　　刷：北京政采印刷服务有限公司
开　　本：787mm×1092mm　1 / 16
印　　张：15.25
字　　数：234千字
版　　次：2023 年 9 月第 1 版
印　　次：2023 年 11 月第 1 次
书　　号：ISBN 978-7-5541-7065-6
定　　价：58.00 元

前言

众所周知，高中物理知识体系涉及大量的理论公式以及抽象化的实验内容，因此，学生要具有学习知识的能力、有效的学习方法以及把知识应用在实验中的能力。基于新课程的改革为高中物理教学带来了一次转机，教师要把握住这次机遇，重视学生在物理教学中的参与度，让学生有效掌握物理知识，同时具备独立自主学习的能力，树立正确的解题思路，为学生构建更加现代化和科技化的教学情境，尽快落实新时期的教学思想和目标，促进新理念下高中物理教学水平的提升。

新课程改革教学思想的落实和应用为当代物理教学带来了生机，也为高中物理教学指明了方向。教师在具体的实施过程中，也遇到了一些问题，这些问题限制了教学任务的完成。因此，教师要深入研究教学思想，不断探究和创新更加高效的教学方法，以学生为教学重点，为社会培养一批又一批高素质的综合型人才。

本书从高中物理教学的特征入手，根据高中物理教学设计的基本理念，介绍了高中物理教学过程、教学原则、教学方法、知识结构以及能力结构，并探讨了高中物理教学设计的基本内容，同时对高中物理课堂教学改革进行了详细的叙述，深刻反映了高中物理教学设计方面存在的新问题、新思路和新策略。与此同时，笔者通过对高中物理教学的基本技能、高中物理教学实践中存在的问题进行深入分析，揭示问题存在的症结，从源头入手，对高中物理教学改革探索与实践做了详细的介绍，为高中物理教学设计提供了理论指导。本书整体架构清晰，逻辑顺畅，条理分明，易于理解，便于高中物理教学相关人员学习。

　　为了提升本书的学术性与严谨性，在撰写过程中，笔者参阅了大量的文献资料，引用了诸多专家学者的研究成果，因篇幅有限，不能一一列举，在此一并表示最诚挚的感谢。由于时间仓促，加之笔者水平有限，在撰写过程中难免出现不足的地方，希望各位读者不吝赐教，提出宝贵的意见，以便笔者在今后的学习中改进。

目录

第四章　高中物理教学的基本技能

第五章　高中物理教学的实践研究

第一章

高中物理教学概述

第一节　高中物理新课程标准

一、概述

物理学是一门基础科学，它主要探讨基本的物理结构、最普遍的相互作用、最普遍的运动法则、最常用的实验和思考方式。在人们对物质的理解日益加深的今天，物理在推动科技进步的同时，也推动了文化、经济和社会的发展。经典物理为两次工业革命打下了坚实的基础，现代物理对信息、新材料、新能源、航空航天、生物等技术的快速发展起到了促进作用。

（一）课程性质

高中物理是一门与九年制中学物理和科学相结合的综合性学科，目的是更好地培养学生的科学素质。

高中物理教学有利于学生掌握物理学的基础和技能；通过对科研活动的亲身经历，加深学生对科研的认识；培养学生对自然的探索和理解的兴趣和热情；了解物理在科学技术进步，文化、经济、社会发展等方面的作用；为学生终身发展，培养科学的世界观、价值观奠定了坚实的基础。

（二）课程的基本理念

1. 在课程目标上注重提高全体学生的科学素养

高中物理为了更好地提升学生的科学素质，从知识与技能、过程与方法、情感态度与价值观等几个层面进行全面的训练，为学生的终身发展打下坚实的基础。

2. 在课程结构上重视基础，体现课程的选择性

当前，我国的高中教育仍然是基础教育阶段，应该重视学生的普遍基础，并根据学生的兴趣、发展潜力和未来的专业需要，为学生制定满足其各种学习需要的物理教学模块。

3. 在课程内容上体现时代性、基础性、选择性

高中物理教学在课程内容上应选择学生终身必须掌握的基本知识和技能，注重与学生生活、现代社会、科技发展相结合，体现现代科技发展的重大成就和新的科学理念，注重运用物理学技术所引发的社会问题，使学生具有社会参与的自觉性和社会责任感。

4. 在课程实施上注重自主学习，提倡教学方式多样化

高中物理教学要加强学生自学能力的，培养学生的主动参与、探究、实验和思考能力；运用多种方法，促进学生对物理学的认识和掌握，并在一定程度上提高他们的科研意识和科学精神。

5. 在课程评价上强调更新观念，促进学生发展

高中物理教学应该充分发挥其内部的激励和诊断作用，注重对学生进行过程评估，重视学生的个体特点，使学生认识自我、建立自信，使学生在原来的层次上得到发展。此外，高中物理教学还应该提高教师的教学质量，使教师改进教学实践等。

（三）课程结构及课程模块说明

1. 课程结构

高中物理共有12门科目，各科目各有2个学点，其中1、2是公共必修科目，其他为可选科目。在完成公共科目的课程后，学生可以获得4个学分，并在此基础上继续选修一门课程，从而达到6门课程的要求。在完成6门课程的基础上，学生可以按照自己的兴趣、发展潜力和未来的工作需要，选择多个课程。

在物理的选修课中，有一些基本的教学理念：

（1）在公共必修课的模块1、2中，学生通过对物体运动规律、相互作用、能量等核心知识的深入学习，加深理解物理学的特征和研究方式，并掌握自身的发展潜力，为以后的选课和学习打下基础。

（2）该课程既以选修课模块为基础，又在必修课模块中为学生的个性化发展创造了条件。在完成公共必修课的学习之后，学生已经得到了4个必需的学分，剩下的2个可以在以后的选修课中得到。

（3）在完成必须学习的课程之后，根据学习兴趣、发展潜力和未来的专业需要，学生选择相关课程。高中物理教学应遵循高中物理教学大纲的先后次序，逐步进行，为以后的发展打下坚实的基础。同时，学生还可以在不同的课程中选择相应的模块，并按自己的需求来确定课程的顺序。

（4）物理是针对大部分中学的发展而设立的全国性的教学计划，因此，学校应结合实际，开设课程，如提供"物理实验专案""物理专案研习"等，来提升学生的实践能力，培养他们的创造力、自学与研究的能力。

2. 课程模块

普通的物理1和物理2是所有高中生的共同课程。本模块主要学习运动描述、相互作用与运动规律、机械能与能源、抛体与圆周运动、经典力学的成果和局限等主要课程，并进行一系列的科学探索，让学生初步认识到物理的性质和研究方式，体会物理在日常生活和生产中的作用，并为下一阶段的学习奠定基础。

选修课程：1–1、1–2。该系列教材以物理中心为媒介，侧重于物理与社会之间的联系与互动，凸显其人文特质，重视与日常生活、人文社会科学的结合，凸显其对人文的深刻意义。

选修课程：2–1、2–2、2–3。该系列教材以物理的基本知识为主要载体，从技术上运用的角度出发，突出了物理与技术的有机融合，突出了其应用性和实践性。

选修课程：3–1、3–2、3–3、3–4、3–5。该系列教材的主要目的是使学生能够更好地了解物理的基础知识，从而更好地了解物理的技术对经济和社会的影响。

每一个模块都包含物理概念、定律和实验，同时包含物理与社会发展、物理与技术应用、物理与生活等领域。

二、课程目标

（一）课程总目标

（1）掌握基本的物理学知识和技能，掌握其在生活生产中的运用，并注意当前的科技发展状况和发展动向。

（2）通过进行科学的探索，培养自主性、思考习惯，并能够用物理知识和科学的方式来处理问题。

（3）激发求知欲望和科学探究的兴趣，发展科学探究的爱好，并发展坚持真理、勇于创新、实事求是的科学态度和科学精神。

（4）了解科学与技术、经济、社会之间的相互影响，了解人与自然、社会之间的关系。

（二）课程具体目标

1. 知识与技能

（1）了解物理的基础理论，了解物质结构、相互作用与运动等的基本原理和法则，了解物理的基本观念和思想。

（2）了解物理中实验的地位与功能，具备一定的物理基础知识，能够熟练运用各种实验设备进行一定程度的物理实验。

（3）对物理学的发展过程有一个基本的认识，并对其发展的主要成果和发展方向，在经济社会发展中的作用进行研究。

（4）注重与其他学科的联系，了解物理学的某些应用，并能够利用自己所掌握的物理知识和技能来解释和解决某些自然现象和生活问题。

2. 过程与方法

（1）体验科学探索的历程，了解科学探索的重要性，并运用探索的方式进行物理学问题的探讨和检验。

（2）通过物理的观念与法则，了解物理的研究方式，认识物理实验、物理模型及物理仪器对物理发展的影响。

（3）能够对自己的学业进行规划和调节，能够在自己的努力下，在一定程度上解决某些物理问题。

（4）参与到各种科研活动中去，通过自己的思想来表达自己的观点，并在一定程度上应用物理学理论和研究手段来解决与生产、生活有关的问题。

（5）具备一定的发现问题、数据采集、分析问题、沟通和合作的能力。

3. 情感态度与价值观

（1）了解大自然的神奇与和谐之美，培养对科学的好奇心与追求，乐意探寻大自然的秘密，体会其艰难与快乐。

（2）热爱科学和技术，能把物理学的理论运用到实际的生活和工作中去，敢于对物理学中涉及的问题进行探索。

（3）具备敢于坚持真理、勇于创新、勇于实践的科学态度和科学精神，对大众传媒中的新闻报道有科学性的认识。

（4）积极配合，愿意与别人沟通，能够坚持自己的意见，能够改正自己的过错，具备良好的团队意识。

（5）了解和体会物理学对社会和经济发展的作用，关心并研究物理学的前沿问题，具有可持续发展的观念，能够为社会的可持续发展做出自己的努力。

（6）关心国内外科技发展的情况和动向，具有振兴民族的使命感和责任，具有为人民造福的自觉性。

三、内容标准

（一）科学探究及物理实验能力要求

物理是一种建立在实验基础上的科学，高中物理的不同模块设置了具有代表性的科学探索和物理学的教学实验。

（二）共同必修模块物理1

公共课程的目的在于指导学生掌握物理学的基础知识，了解物理学的思维方式，并使他们对物理学的发展有一个初步的认识。公共课程共设两个科目，即物理1、物理2，共计4个学分。

这一模块是高中物理的一门课程，属于公共课程的必修课。通过这门课程的学习，学生可以更深入地了解物理的内涵及研究的方式，以及物理在科技领域的运用和物理对人类的影响。

这一模块的基本原理和规则为以后的学习奠定了坚实的理论依据，通过其中的实验，学生可以了解到物理中的实验及其对人认知的影响。

在这个模块里，学生将在了解物理学基本原理的基础上，通过对自然法则的探索，体会物理学的思维方式，以及培养对物理的感情和价值观念。

1.运动的描述

（1）《准则》的编写。

① 从历史事实出发，对现代实验科学的发展进行了基本理解，并进一步认识到它在物理发展中的重要意义。

a.学习亚里士多德有关力和运动的基本观点和方法论。

b.学习伽利略的实验工作，了解伽利略在实验中的科学理念和方法。

② 认识质点，了解物理学中的物理模式特征，了解物理模式对自然法则的探索。

了解在什么情形下，可以将一个对象视为一个质点。

③ 体验均匀的线性移动实验，理解位移、速度和加速度，理解均匀速度和线性的运动，体验探索自然法则的实验。

a.用打点计时器、频闪照相机等对均匀速度的线性移动进行研究。

b.透过历史事实，学习伽利略运用的实验与推论的方法。

④ 能用图形和方程式来描绘均匀速度的线性移动，体会到数学在物理学中的重要作用。

（2）关于活动的提案。

① 采用实验方法研究不同质量和不同尺寸的物体在空中的坠落，从而研究气体的作用。

② 通过查阅文献等方法，了解伽利略关于对象运动的认识和探讨对于科学发展和人类发展具有重要的作用。

2. 相互作用与运动规律

（1）《准则》的编写。

① 通过实验了解滑动、静摩擦的运动特性，可以利用运动摩擦系数来求出摩擦阻力。

② 熟悉一般变形，对对象的弹性进行实验，掌握胡克定律。

a. 了解日常生活和制造过程中所用到的各种不同类型的弹簧，包括弹性、减振等。

b. 做一个简单的弹性秤，用胡克定律来说明它的工作原理。

③ 通过实验，理解力的综合和分解，了解力的均衡状态，区别矢量和标量，学会力的综合和分解。

考查两个相同尺寸的共点力在不同角度下的合力。

④ 利用实验研究物体的质量和受力与加速之间的联系。了解牛顿的运动规律，运用牛顿的运动定律来解释人们生活中的相关问题。通过实验了解了超重与无重力的关系。

a. 用实验方法测量加速度、力和质量之间的关系，并在此基础上绘制加速度与力、质量之间的关系。体会在探索中运用的科学的方式。

b. 用牛顿第二定律解释一个物体受到的引力和质量之间的联系。

⑤ 了解物理上的单位制度的重要性。了解机械装置在国际上的应用。

在方程中给出 $k=1$，这样就可以确定作用力的单元。

（2）关于活动的提案。

① 研究静态摩擦力在日常生活和制造中使用的例子。

② 学习和体会失重和超重的不同，如乘坐电梯、乘坐游乐园的云霄飞车等。

③ 按照牛顿第二定律，研制一种能反映加速度的仪器。

④ 通过听讲座、看录像等，了解人在太空中的生活，以及了解人造卫星。

在此基础上，在地球上进行微引力实验。

（三）共同必修模块物理2

学生将学习机械能、曲线运动的定律、重力等方面的知识，加深对物理学基本知识的理解，体会高中物理的特征和学习方式，为今后的课程打下坚实的基础。

1. 机械能和能源

（1）《准则》的编写。

① 举例表明，功测量能量的改变，对功和功率的了解。关注日常生活和生产中常用的机器功率的规模和重要性。

a. 对一个不在一条线上的运动和运动的作用力进行研究。

b. 在车辆引擎功率不变的情况下，对牵引力和车速的影响进行研究。

② 对常量作用力和运动的规律进行实验研究，了解动能和动能定理，利用动能定理来说明生活与生产中的各种情况。

利用打点式定时仪或光电定时仪来研究恒力作用对运动的影响。

运用牛顿第二定律推导出动能定理。

③ 对重力势能的了解。了解重力势能的改变和引力作用力之间的联系。

④ 对力学能的守恒性进行了实验。了解力学能的守恒性，运用力学能守恒原理对日常工作和生产中的相关问题进行了深入研究。

⑤ 理解各种能量的存在。了解能量的守恒定律是最基本最普遍的法则。

⑥ 从能量守恒和定向的能量转换和转换的方向性意识到效率的提高，认识到能源与人类生活、社会发展之间的联系，认识到其重要性。

评估核能对人的益处及潜在问题。

（2）关于活动的提案。

① 为测定某人运动中的功率而进行实验。

② 通过查找资料，搜集有关车辆制动间距与速度之间的相关资料，尝试运用动能定理对其进行说明。

2. 抛体运动与圆周运动

（1）《准则》的编写。

① 对抛物体的运动进行综合和分解。

将目标横向和纵向的位移量作为横向和纵向的坐标，绘制出一个被投掷的运动轨道。

② 对均匀的圆周移动进行说明。了解向心力的加速。

③ 利用牛顿第二定律对均匀的圆周向的作用力进行解析。对日常生产中出现的离心现象进行分析。

评估一辆自行车在转弯时所承受的向心力。

④ 注重与日常活动相关联的投掷和圆的运动。

（2）关于活动的提案。

根据相关数据，将真实轨迹和抛物线的不同之处进行比较，尝试进行说明。

3. 经典力学的成就与局限性

（1）《准则》的编写。

① 学习如何从相关的实际情况中找到重力的规律。了解重力规律，了解重力规律的重要性，体会科学定律在未知宇宙中的应用。

运用重力法则来揭示一个不知名的物体，以揭示其在人们认知中所扮演的角色。

② 对某卫星的轨道进行运算。对第二宇宙速度和第三宇宙速度都有一定了解。

③ 通过对经典时空和相对主义时空概念的基本理解，理解其在人们认知中的作用。

④ 了解量子化在微观世界中的作用，了解宏观和微型粒子在不同程度上能量的改变，以及量子理论的创立，加深对物质世界的理解。

⑤ 以具体事例说明经典力学的发展和成果，感受其建立的价值和重要性，并了解其应用领域及局限性。

a. 学习经典力学在太空科技发展中所起的重要作用。

b. 了解物体在重力和运动中的差异和整体性，并认识其在科学发展中的重大意义。

⑥ 体会科学的学习方式对人类了解大自然所起的重大作用。

列举物理进步推动自然科学发展的事例。

（2）关于活动的提案。

① 观看人造地球卫星、航天飞机、空间站的录像。

② 搜集国内外航空工业发展的历史与发展资料，撰写相关调研报告。

（四）选修模块——选修1-1

本课程以公共必修课为主要内容，以满足不同专业的教学需要。选修课充分体现了学生的基本学习需要，同时给了他们发展的余地；在课程设置上，不仅要考虑学生的兴趣和能力，还要兼顾各个模块之间的关系和共性。

选修课包括10个模块，选修1-1、选修1-2集中于物理、社会、人文等领域，突出了物理对人类文化的作用；选修2-1、选修2-2、选修2-3集中于物理技术的运用，并注重物理的运用与实践；选修3-1、选修3-2、选修3-3、选修3-4、选修3-5，重点是物理的运用和对社会的重要性。

物理发展体现了一种人文精神的发展。科技的进步带来了资源和环境问题，通过这一模块的学习，学生不仅可以了解到物理的知识和技术的运用，还可以了解到物理的发展对人类文化和社会的影响，以及科学、技术和社会之间的相互联系。

课程主要介绍电磁现象与规律、电磁技术与社会发展、家用电器和人们的日常活动。从观察和认识各种形式的电磁学，到建立统一的电磁学的探索历程，理解这种认识的产生和发展的历史环境以及人类思想、生产方式和生活方式的变化；了解科技与人类发展之间的相互影响；感受到一种不畏艰辛，勇于探索和勇于开拓的科学家精神。

1. 电磁现象与规律

（1）《准则》的编写。

① 利用材料的微结构模式及电荷守恒定律对静电现象进行研究。了解点

电荷之间的相互关系。

② 通过实验，了解电场与磁场，用电场线、电场强度描述电场，利用磁线、感应强度描述磁场。

a. 用一条电场线画出两个相同数量的不同电荷区附近的电场图。

b. 用感应线路画出被激励的直线上的磁场。

③ 了解奥斯特和安培等学者对电磁学的深入理解。了解均匀磁场对导电导体的电流强度及取向的影响。

奥斯特的实验在研究电磁学定律方面的意义。

④ 了解洛伦兹力的实验。掌握影响洛伦兹作用力的主要因素，掌握电磁偏振的基本理论和技术。

a. 观察磁场中阴极光线的变化。

b. 对成像管的工作有一个基本的认识。

⑤ 搜集信息，了解如何找到电磁波规律，理解电磁波规律。通过对各种电磁感应的运用，了解人们对自然法则的研究。

⑥ 对麦克斯韦电磁学的基本概念有一定的认识，并体会其在物理领域的重要作用。对场的基本理解是一种物质的存在。

（2）关于活动的提案。

比较万有引力定律与库仑定律，探讨其差异性与统一性。

2. 电磁技术与社会发展

（1）《准则》的编写。

① 对电磁技术的主要技术创新进行信息搜集；从人类社会发展的历史视角来看，科技创新在人类生活方式和社会发展中扮演着举足轻重的角色。

a. 介绍中国古代磁性物质的研究与发明及其对人类发展的作用。

b. 搜集爱迪生关于电力的科技成果。

c. 简要介绍手机在人们生活和社会发展中所扮演的角色。

② 了解发电机和电动机在能源利用方式和工业发展中扮演的角色。

通过比较电机与热机的工作，探讨从热引擎到马达的技术变化对于工业发展的影响。

③ 理解常用的感测器和用途，体验使用感测器所带来的便利。

了解一个温度感应器可以把体温信号转换成电子信号的作用。

④ 列出在日常生活和制造中使用过的电磁波。以实际案例为基础，探讨电磁技术在人们生活中的作用。

探讨通信技术发展如何改变人们的生活方式。

⑤ 列举科技的运用给现代人带来的积极和消极作用，以及其对科学、技术和社会和谐发展的重要意义。

列举电磁辐射给人们带来的积极与消极影响。

（2）关于活动的提案。

① 搜集信息，组织专题讨论会或展览会，讨论电磁技术科学、技术和社会的关系。

② 研究和探讨使用移动电话对身体有无负面危害。

3. 家用电器与日常生活

（1）《准则》的编写。

① 对常用家电的工作原理有一定的认识，能够按照操作手册进行操作。

a. 通过观察、查阅资料，掌握微波炉的基本构造、工作机理，并按说明书操作。

b. 通过观察、查阅资料，掌握磁带的构造及工作方式，并按操作手册进行操作。

② 了解常用家电技术指标的含义，能够按要求进行选择。探讨如何在家中节用电力。

看一下洗衣机使用说明，了解它的技术指标。

③ 辨识电阻器、电容器和电感，并对其在线路中的功能有一个基本的认识。具备对家电设备故障的初步诊断能力。

④ 熟悉家用线路及安全用电的相关常识。

（2）关于活动的提案。

① 从资源利用、环保及社会发展的角度探讨家电产品的持续更新及废弃家电的处置等问题。

② 到各大购物中心收集不同品牌洗衣机型号资料，并就如何选择洗衣机进行探讨。

（五）选修模块选修1-2

热现象是一种对自然现象进行了较为深刻认识的物理现象，它的出现与应用使得整个人类的工业发展迅速。当前，资源与环境问题密切联系，是一个与可持续发展息息相关的问题。

该模块涵盖了热现象与规律、热与生活、能源与社会发展的内容。该模块主要围绕能源利用这一主题展开，通过对物理基本原理和方法的了解，使学生了解到科技与人类的发展之间的相互联系，人类思想、生产方式和生活方式的变化；思考科技与社会和谐发展之间的联系，培养可持续发展的理念。

1. 热现象与规律

（1）《准则》的编写。

① 掌握分子动力学原理，并举出相关的实验证明。利用分子动力学和统计学的观点认识温度、气体压力和内部能量。

对布朗运动进行观察和说明。

② 了解热力学的基本原理。了解能量守恒定律是一个自然界普遍遵循的定律。

③ 利用自然中的热传导定向等例子，对热力学的基本原理进行初步理解。

通过实际例子来解释热力学第二定律。

④ 能够应用热力学第一定律和第二定律解释能量在自然中的转化、转移和方向性。

探讨第一、二类永动机。

（2）关于活动的提案。

① 进行测定油酸分子尺寸的实验。

② 运用互联网搜集图像与文本材料，探讨永动机无法"永动"的理由。

2. 热与生活

（1）《准则》的编写。

① 举出不同的使用内部能量的方法。

了解不同的太阳能供电和供暖方法。对家庭新能源有一定的认识。

② 了解热动力的转换和维持。从能量守恒观、能量转化和转移的方向性的角度出发，了解热动力的有效性。

学习车辆在行驶过程中的能量转换和守恒问题。

③ 掌握家电制冷机的基本工作原理，按技术指标及家用需求进行选择，并按说明书进行操作。

a. 掌握空调技术指标，并能按要求选择空调。

b. 学习有关臭氧被破坏的原因和结果，以及人们为维护它所做的工作。

（2）关于活动的提案。

① 走访各大卖场，收集不同品牌空调机型号信息，探讨如何正确选择空调机。

② 探讨车辆大量使用而引发的社会问题。

3. 能源与社会发展

（1）《准则》的编写。

① 了解蒸汽发动机的出现和使用给人们生活带来的巨大变化。通过对第一次工业革命的初步理解，体会热能的应用在科学、社会发展和人们的生活方式的改变中所扮演的角色。

a. 了解瓦特蒸汽发动机的特性，探讨其应用、发展与创新对物理的推动作用。

b. 通过对蒸汽机车在纺织、交通运输等领域的广泛运用，探讨其对人类政治、经济、文化、社会发展的重大意义。

② 从人类使用电力的史料中了解电磁场的发展和技术运用对人类能源使用的意义。通过对第二次工业革命的初步认识，了解电力使用对科学、社会

发展和人们生活方式的改变。

简要介绍电力利用在推动人类发展方面的功能。

③ 对某些常见的辐射特征有一定的认识，懂得辐射的运用和保护。了解核技术在人们的生活及社会发展中的作用。了解爱因斯坦的质量和能量的关系。了解核分裂与融合。从人类使用核电的史料中了解核电的发展与应用。

a. 学习有关辐射在医药和农业方面的用途。

b. 掌握我国发展和应用核技术的成果及展望。

c. 理解爱因斯坦的质量和能量公式的运用表明核子的能量是非常巨大的。

④ 搜集有关能源使用对生态造成的影响，其与科学、技术、社会的和谐发展之间的相互影响，其对可持续发展的重要性，其对人们环保行为认识与认知的影响。

a. 搜集有关核电厂废物正确处置的信息及相关资讯。

b. 搜集有关本地空气污染的主要来源。

c. 对本区的水环境质量进行调研，并对其成因进行分析。

（2）关于活动的提案。

① 对一家发电厂的电力进行调研，估计每天所需的电力是由几台发电机来完成的。

② 设计使用太阳能供暖方案，并充分考虑其对周边的影响，讨论设计方案。

③ 对家中的加热设备进行调研，并探讨怎样节约能源。

④ 对本地区的能源使用及污染状况进行调研，对本地区的主要污染物及污染源进行分析，并向相关单位提供环保处理建议。

（六）选修模块选修2-1

物理学在科技发展和人类文化发展中扮演着重要角色，在我们的生活中，从交通工具、家用电器，到医学仪器、物理技术的运用，都有物理学的存在。该课程要求学生掌握有关技术方面的基本理论、掌握处理科技问题的几种方法，通过对物理学的教学与技术的运用，对科技的亲近程度进一步提高，体验科学与科技之间的互动、科技与社会发展之间的互动。

电磁现象与定律是物理领域中非常关键的课题，也是最常用的领域。在这个模块，学生要了解有关电子线路及电磁波的知识。

1.电路与电工

（1）《准则》的编写。

① 了解欧姆定律的封闭线路。了解电力供应的内部电阻和电动势能。查看常用的电表，并阅读使用说明书，以理解其基本特性。了解蓄电池对环保的危害。

a.说明为什么当电力负载增大时，灯光会暗淡。

b.讨论锂、镍氢、镍镉电池的主要特性及其应用领域。

② 在实践中学习如何正确应用多功能仪表。了解多功能仪表的工作原理。

a.用多功能仪表取代学生用电子仪表做物理实验。

b.用多功能电度计作为测试仪器，对二极管的正、负极进行判定，从而判定电容开关的断开和漏电流。

③ 了解电场和电场的强弱，以及电容的功能。

④ 了解磁场、感应强度及磁通。

对电磁仪器进行了详细研究，并对其工作原理进行详细研究。

⑤ 对洛伦兹力的了解是由实验而来的。理解电磁偏折的基本理论和它的科学和工程。

观察磁场中负极光线的折射。

⑥ 对电感电位的生成条件和对其影响的各种因子进行实验研究。当直线移动时，会判定其所产生的电流方向。举例说明在技术上使用的电磁感应现象。

⑦ 了解交流电和三相交流电。对变压器的电压和线圈的匝数进行实验研究。介绍远程传输技术的基础知识。

a.了解交流电的峰值、有效值和它们之间的联系。

b.了解三相供电、相电压、三相四线制的电源。

⑧了解物理学在技术、经济和社会发展中的重要作用。

（2）关于活动的提案。

①超市销售的对不同型号的电瓶充电设备进行了技术性能对比及应用。

②了解废旧蓄电池处置状况，与环境保护单位沟通，提出废旧蓄电池回收利用的意见。

③搜集若干种微型的电磁式继电器，并对其构造进行对比，以掌握其应用范围，从而实现实际应用。

④查阅数据，将直流和交流两种技术的特性进行比较，了解目前国内外的直流技术发展状况。

⑤掌握微型变压器的装配方法。

2. 电磁波与信息技术

（1）《准则》的编写。

①了解电磁波的发射、传播和接收的基本知识。了解电磁特性和光谱。以实例阐述电磁辐射在人类日常活动中的作用。

对长波、中波、短波和微波的不同传输特性进行对比。

②搜集信息，掌握手机的工作模式、常用术语和常用的手机使用情况。

学习手机是如何工作的。

③通过实验或举例，了解常用传感器的工作机理，了解其在生产和生活中的运用，体验其使用的便利。

以麦克风、电子秤、汽车尾气检测仪为例子，来理解这些感应器的功能。认知感应器是把无功功率转化为电能的装置。

通过连接到电脑上的感应器，完成实际的测试。

④了解集成电路的发展及其对日常生活、经济和社会的重要意义。

⑤初步了解电视、广播的工作方式，了解其基本构造。了解最新的电视和广播技术。

了解高清和一般电视之间的最大差异。

⑥对家庭计算机的基本构成有一定的认识。

⑦ 了解模拟信号和数字信号之间的差异。了解资讯传播、处理及储存技术的发展。熟悉互联网技术对经济和社会的影响，能够表达自己的观点。

（2）关于活动的提案。

① 了解无线电设备所用的离散的部件或集成电路制造。

② 制造一个无线电麦克风。

③ 使用感测器制造简易的自动控制设备。

④ 对家庭计算机的内部构造进行观察。

⑤ 了解VCD、DVD、MP3、MPEG的含义，了解有关技术的基本原则及操作。

（七）选修模块选修2-2

多种驱动装置及工作装置的应用为人们的日常工作提供了便利。热机械的应用打破了人力、动物劳动的限制，发展了更广泛的生产活动。人类在日常生活和生产中所用到的力学装置的种种构造都与人类对力的理解有着紧密联系。在这个模块，学生要学习力、力学、热机等知识。在研究中应着重关注与人们的生活息息相关的力学结构、力学和热机，体会到人们对热学的理解日益加深。

1. 力与机械

（1）《准则》的编写。

① 会区分平动与旋转，会对旋转进行描写。通过对常用的变速器进行分析，了解它的功能。

a. 通过模型、图片或视频，找到压机、内燃机、起重机等机械中的平动变转动或转动变平动等例子。

b. 用注射器——胶料控制简单的液压驱动装置，测试活塞的截面和运动长度与压力之间的相关性。

c. 掌握调节变速器的方法与爬山过程中调节变速器的方法，以达到节省体力的目的。

② 在实验中了解在同一点上的作用力均衡的情况。以实例阐述在日常生

19

产中使用的共点作用力均衡的情况。

③ 以例子说明技术中的弹性与可塑性。

将轨道横断面加工为"工"字形，在住宅钢结构中用钢管替代棒材，并探讨其用途。

④ 通过实验，了解了钢体的均衡状态，并利用其均衡状态对目标进行分析。

对吊臂长度、机身质量和配重质量之间的相关性进行研究。

⑤ 举例说明常用的承载构件及其特征。了解各种因素对稳定的作用。

对各种新旧结构在乡村住宅结构中的受力性能和经济性能进行研究。

⑥ 了解机器在人类发展中的作用。对近代机器人的发展历程有一个基本的认识。

搜集材料，了解机器人在生产生活中的运用。

（2）关于活动的提案。

① 对机器人或其他机械或车辆的传动装置进行观察。

② 搜集各种常用的大、中、小型桥梁的数据，并用力学的观点探讨其特征。

③ 对车辆（或牵引车）的齿轮箱和操纵装置进行观察。

④ 到厂内考查各类机器的使用情况。

⑤ 为提高机器的便利性而进行设计和改进。

⑥ 搜集数据，掌握机器人在生产和生活中的使用情况。

2.热与热机

（1）《准则》的编写。

① 对内燃机、汽轮机和喷气发动机的工作方式有一定的认识。掌握发动机关键技术指标。

学习电动燃料喷气发动机的工作方式。

② 了解热泵的工作性能和主要影响因子。结合具体例子，对热机组运行过程中的能量流动进行研究。了解改善热动力的方法和途径。

③熟悉空调及制冷器的构成及基本构造，并掌握制冷器的工作原理。

对空调系统的工作进行了详细阐述。

④了解热机械对环境的作用。学习减少热设备对环境影响的方法措施。

收集数据，对区域空气污染的主要来源进行分析。

⑤了解科学技术对于经济和社会进步的重要作用。重点介绍新一代热机的发展动向。

（2）关于活动的提案。

①通过参考国内外有关文献，将国内若干发动机的技术指标进行比较。

②对当地内燃发动机的型号、主要技术性能和最近几年的发展进行研究。

③对车辆（或拖拉机）发动机、冷却系统、供油系统、供气系统和废气系统进行观察。

④参考数据，对近几年来我国机动车排气标准的变动情况进行研究。

⑤了解不同地区空气污染指标与当日天气、居民取暖、车流量之间的相关性，并对其进行了相关研究。

四、实施建议

（一）教学建议

课程设计是一种体现课程理念、实现课程目标的创新活动。高中物理教学从课程标准的基本思想、课程目的出发，针对高中物理课堂的具体特点，提出对高中物理课堂的几点思考。所提的意见并不力求面面俱到，但重点突出了一些在课堂上需要关注的问题。

1. 从课程目标的三个维度来设计教学过程

课程标准从知识与技能、过程与方法、情感态度与价值观三个方面阐述了高中物理教学的具体内容。在教学中，这三个层面的课程目标并非彼此独立，而是融合到了同一教学过程中。在进行课程设计时，应从三个方面考虑课程的内容与组织。举例来说，在匀变速直线运动课上，教师可以要求学生自己设计一个实验方案，来检验有关自由落体运动的速度问题，从而增强他们制订科学研究计划的能力；利用打点定时仪进行自由落体的研究，既可以获取相关的信息，又可以增强对实验资料的分析能力；探讨伽利略关于自由落体的方法论，体会其在科学发展中所具有的重要作用；本课程将展出人类在月球上相关实验的图片，激发学生对科学探索的兴趣，使其认识到领略自然法则的普遍意义。此外，还可以探讨高台跳水、投掷等运动的例子，使学生能更好地把物理学运用到日常的生活中去。

对于高中物理教学目标，教师应当有一个总体认识。高中物理与初中物理相比，不管是在知识的广度和深度上，还是在教学方式上，都存在着明显的差异。本研究在培养学生自主获取物理知识、探索物理规律、解决物理问题等过程中取得了实际效果，使学生获得了一次胜利的经验，并在此过程中感受到了胜利的喜悦，使他们有了一种积极的、有责任心的探索精神。

2. 提高科学探究的质量，关注科学探究学习目标的达成

在初中阶段，学生在进行科学探索的同时，也获得了一种科学探索的经验。高中物理教学应当以此为依据，注重学生在科学探索活动中的学习质量，使他们对科学探索的认识不断深化，从而增强他们的科学探索意识。

有些科研项目与教学内容和教学进度相一致。在课堂上，一些物理探索性问题是教师根据课本直接提出来的，尽管也有一些对问题的情境做了简单的说明，但是很难让学生自己去思考问题。在高中，有必要为某些具有探索性意义的物理问题设置情境，使学生在观看和经历后有所发现、联想，产生问题；也可以通过设置任务，使学生能够将自己的科研思想应用到实践中去，并从中提炼出需要探索的问题。

为了培养学生探索性研究的能力，必须让他们懂得将探索性问题拆分为若干独立的问题，考虑各个问题的解决方法，并依据实际情况选择和优化相关方法，进而提出探索性研究的方案；学会从原理、设备、信息收集技术、信息处理方法、操作程序等各个层面进行探索；在制定探究项目时，要了解并搜集有关信息；学会通过互相沟通来改进探索方案。在教学过程中，教师应当给学生学习制订探索性方案的时间。

教师在引导学生搜集、分析和处理信息时应避免事先设置形式，让学生"照方抓药"。在搜集资料时，要注重培养学生的主观思考能力，而不仅仅关注符合探究假说的物理学现象，还要留意搜集与期望不符的资讯。在经过了一定的科研探索以后，要使学生按照物理学的逻辑推理，建立起物理的因果联系，形成以物象为证据，以证据、逻辑和现有知识为依据的新思想。

在课堂上，教师要注重对学生的解释进行评价。为了达到这个目的，教师可以让学生对各种解释进行对比，以便了解所搜集到的资料是否更符合哪一种说法。在课堂教学中，公开的讨论和评议是提高评价水平的一种行之有效的途径。就科研探究活动的沟通与表达而言，教师要注意培养自己的语言表达技巧：一是沟通的内容安排，即提出课题、探究计划框架、收集资料及整理资料、基本论点及解释论点、存在问题与新的研究成果；二是表达方式，包括文字、表格、图片、公式、插图等，学习按照所要表达的意思来表达。在课堂上，教师要提供给学生公开的沟通机会，组织好自己的演讲，使他们能够正确地表达自己的观点。

在科研活动中，有些学生在探索活动中表现出了很大程度上的不均衡：部分学生在探索活动中表现出了很大的自主意识，相应地，他们的探究技能也得到了很好的发展；在其他部分，教师也要对学生进行适当的引导，使他们能够在这几个部分进行训练。教师在设计和实施科学探究式教案时要仔细研究各个案的教学日标，从而发现探究体验中的不足之处，并适时加以改进。

3. 使物理贴近学生生活、联系社会实际

家庭、学校和社会中都有许多物理问题，如家庭中新型电器、炊具的物理学，公共交通设施、交通工具中的一些新型设备的物理学，新型通信工具等，教师在课堂上要选用与生活息息相关的材料。在教室里，教师可以使用一些日常用品，如可乐瓶、易拉罐、饮料吸管、胶带纸等进行物理实验。同时，课外的功课也要根据实际情况，指导学生注意周边的环境，如操场上的物理，车站、码头的物理，超市的物理，等等。将物理问题与学生的日常活动联系在一起，可以使他们更亲近物理。

教师可以将物质（能源）、人口、环境（生态）、交通、居住等与当地的社会现象相结合，适当地运用图片、图表、模型、幻灯、电影、录像、光盘等视听媒介，以促进学生在教室里分享自己搜集到的资料。

多个领域的交叉学习可以促进将物理和其他领域的知识整合到一起，对身边的社会和生活的现象进行深入探索。以小水电为例，让学生了解电力转换、发电及配电设备、发电功率与本地电力需求量之间的联系，从水电工程对当地的生态和环境的影响等方面进行了阐述，从地质构造、水电站对周边区域的经济效应等方面进行全面探讨。通过科研活动，培养学生注重科学与经济、社会相互作用的意识，培养学生将使用科学作为为人民造福的社会责任与使命感。

4. 突出物理学科特点，发挥实验在物理教学中的重要作用

在高中物理教学过程中，普通课程的物理实验是课程标准规定的最基础的实验，必修课和选修课对物理实验的要求程度不同。教师可以引导对物理实验感兴趣的学生选择较高要求的物理实验项目。

高中物理实验是高中物理教学必须注意的问题。在观看示范实验的过程中，教师既要使学生注意到所看到的事物，又要使他们明白这个物理现象是如何解释的；应当努力使学生了解实验设备是如何工作的。在教学中，教师要使实验对象明确，要使学生理解实验原理，并且自主地进行实验。

教师要注重培养学生的实践能力，使他们能够正确地运用高中物理教学中的各种仪器、器材，获取更精确的实验资料，但是尽量不要去练习死板的技术，因为技术是在不断变化的。

实验是了解和研究自然规律的一种主要手段，其功能不仅仅是获得知识。教师要使学生意识到，在一定的原则指导下进行实验，并将所得到的信息归纳成结论。

学生的实验是学生对所学的知识进行探索和运用的一个重要环节。在实施过程中，教师要积极开展符合实际情况的实验，并尽可能地利用现有的实验材料进行实验。教师要运用电脑等多种多媒体技术进行物理实验，并利用身边的常用物品进行实验。

实验室作为培养学生的科研精神和科研作风的地方，教师要运用真实的实验资料、实事求是的教学方法，注重培养学生对实验认真、严谨的态度。

（二）评价建议

高中物理教学大纲是对高中物理教学进行评估的基础。评价要贯彻教学大纲的宗旨与思想，在教学的内容与方式上，要注意下列问题：

（1）注重对学生发展的评价，而不注重对其甄别与选拔。

（2）注重对学生的学业成绩进行评价，而不是以成绩为唯一标准。

（3）将学生在活动、实验、制作、探究等方面的成绩列入评价范畴，而非以笔试为唯一标准。

（4）提倡对学生的学习活动进行客观的记录，对评估的规范化不能过度重视。

（5）在教学评价中，教师要从裁判者变成促进者、合作者、指导者、发展者，对学生进行多元评价。

（6）在学习中，学生应积极参与对学习进程的评价、自我评价以及相互评价。

（7）评价目标。对学生进行综合测评，旨在提升学生的科技素养、提升教师的教学能力，为实现全面的素质教育奠定基础。要让评价更好地推动发展，让评价活动变成推动教育发展、提升的一个进程。

对高中物理课进行评价，有助于教师、学生和家长了解高中物理的现状；培养学生的知识与技能、过程与方法、情感态度与价值观；发掘和埋解学生的需要；让学生了解自身发展的优缺点，提高其对物理学习的自信；激发和引导学生发展；营造生动活泼、开放的教育环境。评价应当促使学生发挥他们的专长和兴趣。比如，鼓励学生在理论学习、物理实验、科学制作、社会调查等领域取得较为显著的成绩。

（8）评价的范围。评价的形式要多样化，要有个性和学生个性发展的余地。物理课程要从知识与技能、过程与方法、情感态度与价值观三个层面进行评价，重视让学生掌握与时代发展要求相符的基本知识与技能，重视学生对生活、生产的认识与运用。科学的评价可以帮助学生了解科学的知识、科学的探究和实验的技能，帮助学生解决学习和生活中的问题，促使学生进行科学的思考，保持学生的求知欲，激发学生科学探究的兴趣，有利于培养学生坚持真理、勇于创新、实事求是的科学精神。

在教学过程中，教师要注重学生对概念、原理、规律的理解与运用，提升学生对物理实验基础知识和观念的认识。测试的题目要重视对学生的认识和所学知识的运用，要重视对学生思维的发展，对与现实生活相联系的开放性题型进行研究和设计；不要过于注重记忆的内容，不要纠结于细枝末节，刻意地制造错误，让学生对学习产生恐惧。

教师要对学生科学探究、实验、分析和解决问题的能力进行评价，鼓励学生运用物理学的研究方法和工具，鼓励学生对提出的问题进行客观记录，包括理论学习、物理实验、小论文、小制作、小实验和科研探索等。学生应当积极参与评价，以记录学习的进程，记录典型的事例，进而展示在学业上的进展。

教师要把形成性评价与总结性评价相结合，既要把重点放在学习上，又要把重点放在参与了哪些活动、投入了多少、在活动中的成绩和提高了什么能力上，通过对学生学习行为的动态关注，对他们的心理活动进行细致分析，把他们进步的地方和以前的成绩进行对比。

（9）评价的方式。

① 提倡多元化的评价方法。在此基础上，应注意综合评价与总结评价，把发展变迁的进程作为评价的一环。在教育和教学全过程中，应采用多种开放的评价手段，包括笔试、实验操作、课题研究、行为观察、成长记录档案、活动表现评价等。

② 倡导建立学生的学业记录文件。从学生的发展历程充分反映学生的发展状况，对学生的学习过程和结果进行收集与分析，是对学生学习成绩的客观评价。学生的学业档案应包含有关物理教学的一些重大知识，如在学习过

程中遇到的难题和一些想法；在调查中最好的成绩，被拒绝的意见；经过艰苦的工作最终得到的成果；有创意的小发明、小制作，测试资料，好的小论文、典型作业、学习观察记录、社会调查和实践活动记录、老师和同学的观察和评价、家长提供的资料；等等。倡导"课堂日志""现场笔记"等，真实地记录教学过程中的一些重大事件，客观地描述和评价学生在学习过程中的各种行为。各中学和教师应对所收集的数据进行统计和整理，以便对学生的发展进行全面评价，包括学生的成绩、优势和不足等。教师、家长和学生都可以参与评价。

③ 倡导多样化的评价方法。应从学习档案、笔试、实验操作技能等多个角度对学习和发展能力进行评价。建议部分学生采用开卷方式进行笔试，而不应将考试结果当作学生的标签进行归类。

第二节　高中物理教学过程

要想使高中物理教学得到更好的发展，就需要对高中物理课程的学习和其基本规律有正确的认识，了解和把握高中物理的基本原理。只有如此，教学工作才能与教学目标、教学原则和教学客观规律相适应，才能对教学内容进行正确的分析与运用，采取行之有效的教学方式与方法，顺利安排教学活动，从而达成教学目标。

一、教学过程

对于教学过程，众说纷纭，古今中外的教育者对教学过程都做了种种探讨与阐释。孔子对学习的认识、教程可以概括为"学""思""行"。夸美纽斯主张教育学从观察到理解、记忆，从感觉到文字再到概念。赫尔巴特认为，教学是一种新、老思想相互关联和形成体系的过程。杜威把教学过程看作对学生的直观体验进行持续转化和扩展的过程。在现代，皮亚杰和布鲁纳的理论认为，教学是一个不断发现和建构知识的历程。

（一）教学过程本质上是一种认识过程

从认识论的角度讲，教学过程实质上是一个认知的进程，但它有自己的特点，它与普通的认知以及其他的认知方式是不一样的。将教学作为一种认知活动，就能掌握其本质与整体性，从而全面地总结出教学活动的各个要素、各个方面、各个属性。认知的一般法则是指导教学活动的基本法则，是教学活动的总体指导和基本指导。

　　然而，教学本身也有其自身的特点，即认知的过程。总体而言，其独特之处是对学生个人的理解和对教学的理解。从教育学的角度讲，教学过程是知识型的。从知识层面看，知识是一种具有教学意义的知识，有别于普通知识和其他知识。首先，教学与人的整体历史认知是有区别的。这种知识可以依赖于他人的经验，而不仅仅是依靠自己的经验，是依靠语言和其他的信息手段来保存和接受知识，并拥有前人和别人的经验的，因此，这种知识的学习既不需要亲身体验，也不需要重复人类的知识。其次，这种知识作为个人知识，与其他个人知识是不一样的。作为受教育的人，将个人的认知融入教学过程，与教学之外的认知区分开来。这样，它就具备了三个基本特征：间接性（以间接经验为主）、领导力（在教师的领导下）、教育性（学生的认知过程是德、智、体、美、劳全面发展的过程）。

　　本节从以上几个基本概念出发对物理教学进行了分析，指出：物理教学是在教学目标、教学目的和学生的身体和心理发展特征的基础上，利用多种教学方式和方法，在教学中培养学生的基本能力和非智力要素，使学生掌握辩证、唯物主义世界观和品德修养的基本方法。

（二）构成教学过程的要素及其相互关系

　　下面对高中物理课程进行简要的总结和分析，并就各个环节和它们之间的联系进行深入的讨论。

　　一个教学过程包含许多要素，各要素相互关联，构成了一个完整的功能体系。这些要素被称作元素。那么，什么是教学过程呢？当前学术界对此有"三要素说""四要素说"等观点。这里提出物理教学的三大基本元素：教师、学生、物理环境（包括教材、教学设备、教学环境）。三大基本元素之间的基本联系是：以人为中心，以物质的形式和规律为对象，由教师来指导。在这三大基本元素之间的交互作用下，完成了整个课程的教学。三者结合，才能使教育成为一个完整的体系，从而形成一个完整的结构。这样的结构才能够起到它的教育作用。

　　认知是人类大脑对现实生活的反映，必须具有反映对象和被反映对象。

知识的生成与发展是建立在主体对对象（情境）行为的交互作用上的。主体是人，从学生的角度来说，是学生。对于物理的学习，对象自然是物理，也就是物理学所要考查的对象。所有的体验都源于动作、观察、分类、测量、假设、推理等，实际上都是动作，而思考的实质也是动作。物理学家主要是利用行为来实现与物质的互动，进而了解并发展其规律的。在这种情况下，学生要掌握物理学知识就要经历物理学家发现规律的过程，或者说，因为预先知道了结果，在教师的引导下，大大地简化、压缩、降低了它的难度。根据以上的理解，高中物理教育学应尽量营造一个以学生为中心的环境，使其获得科学知识、培养科学态度、掌握科学方法和技能、发展科学思维。物理实验是为探究物理学问题而创设的物理环境，因而，高中物理教学中应注重并强化其作用。另外，教师可以利用学生日常生活、生产和自然界所熟知的物理事实、现象和过程的例子和问题，激发学生的想象力和思考能力，并指导学生进行分析、研究和讨论。甚至在阅读的过程中，要让学生从阅读开始，把重点放在物理事实和物理过程的分析上，其次是结果和计算公式。因此，在物理课堂上，教师应该使学生在物理环境下，在不同的活动中进行物理知识的学习。

学生的认知活动是一种既复杂又有规律的活动。我们都知道，在所有条件下，知识都是人类大脑对客观事物的反映，如果没有人的主动性，就不可能存在知识。它的积极影响体现在从感性到理性的"飞跃"和从理性到实践的"飞跃"。在物理生教学中，这两个"飞跃"都是由教师来指导，由学生亲自动手来完成的，是教师无法替代的。从本质上讲，"飞跃"是指从特别到普遍、从普遍到特别的认知，即对知识与方法的理解与掌握，进而转化为能力。

认知并不是笔直的、平静的、可穷尽的，而是曲折的、矛盾的、活生生的、永无止境的。用认知心理学的观点来分析，个体在认知发展的过程中常常会出现对周围情况不适应的情况。适应性就是主体在与对象的互动中，与对象进行交互，从而与其原有的思想形态相符，进而实现认知的均衡。主体对其所处环境的适应性称为"被吸收"。如果人们已经形成的思想无法与对象进行融合，那么均衡就会被打破，从而使我们在认知中出现"不理解"或者"想不通"。但在此情形下，人们通过自身调整，能够用新的思想来吸收对象，从而使其回归到新的适应状态。这个对象的适应性被称为"顺从"。认识就是在不同的情况下，通过不同的方式进行融合和调整，或者从不同的角度进行调整，从而达到不同的效果。在物理学习中，学生总是以学习为中心，以知识为对象。在学习的过程中，由未知到已知的发展，需要由自己控制，其他人只能激发，无法替代。因而，师生互动应充分发挥学生的主动性，并使其成为课堂的中心。在良好的学习条件下，没有积极参与的学生也无法取得预期的互动效果。教学活动必须认识并充分反映学生的主体性。这是对教学理念的根本改变。

教学具有教与学相结合的特点，这一特点表现为师生互动。在教学活动中，教师引导学生认知。传统教学中，教学的方向、内容、方法、过程、结果和质量基本上都是教师说了算，他们受社会、国家、党的委派，"闻道"于前，接受了特别的教学培训。但是，学生还没有"闻道"，还处于成长期。人类发明了教学这样一种活动，目的在于给教师和学生提供一切有利的环境，尤其是教师，使他们能够更快、更有效、更正确地学习，从而在学生认知的过程中，指引其正确的方向。在师生互动的同时，也需要教师的分析、示范；要想使学科的知识体系与学生的个人认知架构相结合，就需要教师运用某种方式和方法将其联系起来，不能脱离教师的启发和引导。因而，教学的实质或基本内涵在于其是一种特定的认知过程，即教师将人们所知道的科学事实，通过创设的环境，转变成学生的真知，并将其转变为能力。这两种转化的关键就是引导。教学工作的实质就是对二者进行转化的指导，教导之道在于指导，在于转变，在于领悟。"导引转换"是教师发挥的主要功能。在教学活动中，"学"是教师指导下的学习，"教"是为了学习，师生的主体性应辩证结合。

在教学中，教师对激发学生学习动机、培养学生学习兴趣和学习积极性有很大的影响。所以，在完成上述两项转化的同时，教师还要创设条件，使学生从"要我学"向"我要学"转变。在教学过程中，师生间存在着感情，形成了一种或融洽或疏远的人际关系。可见，教师与学生之间的关系在很大程度上决定着教师的教学。在这一点上，师生之间的亲密程度很大程度上依赖于教师。正确理解与把握两者的联系，可以为今后开展具体的教学工作提供了有益的借鉴。

（三）教学与发展之间的关系

从教学活动的作用看，教师与学生的发展有着密切的联系。

教学与发展之间的关系是当今世界各国面临的一个基本问题，它与教学的变革有着密切的联系。在教育学中，发展是指一个人总体的心理发展，包含了智力、技能、兴趣、情感、意志、个性等非智力的发展，而在物理学中，发展也应该包含某些特殊的能力。

在国内，长期以来，凯洛夫教育学对教育思想的深刻影响导致了教师对教学的重视，而忽略了对学生发展的重视。20世纪60年代我国注重"双基"教育、注重知识的培养、注重技术的培养。党的十一届三中全会以后，随着改革开放和社会主义现代化进程的加快，人们深刻地认识到，仅仅知识的传授已经不能满足当今社会的要求，更不符合社会主义对"人"的要求。《中共中央关于教育体制改革的决定》着重阐述了教育思想、教学内容、教学方式等方面的变革。经过近几年的教学实践、教学研究和教学的不断创新，许多教师在教学研究和教学实践中都力求做到"以教学为本，以发展为本"，在教学实践中，为提高学生的综合素质提供了丰富的经验。教学应注重"知"与"智"相结合，这是一种必须与现实相结合的方法。

物理教育学促进学生的发展，首先要对其进行心理学的分析，掌握其心理学特征，从而实现对其进行调整和提高的目标；其次要注重物理思维与物理方法的传授。物理教学要注重从自身的本质特点出发，探索教学法则。众所周知，物理有其自身的基本思路和方法，在应用物理的过程中，也存在着分析问题、处理问题和求解问题的方法，如观察、归纳、理论推导、理想化、等效处理、近似处理等。理解物理思想，掌握物理的基本原理、物理知识，就可以掌握新知识、解决新问题。而且，物理的思维方式已经渗透到很多学科（包括社会科学），并成为当代科学的一个主要思路和手段。学会了这些理论和手段，无论在以后的工作或学习中，还是在解决和处理各种各样的问题上，都能终身受益。所以，物理教学不仅要让学生得出科学的结果，还要让他们明白如何去了解、理解它们，怎样去思考、发现、利用它们，从而使他们变得更加强大。学生的发展应该包含智力和非智力的发展。其中，非智力是除了智力之外的其他方面，包括动机、兴趣、情感、意志等素质。近几年，非智力在提高学生的智力水平上得到了广泛的关注，并被应用到了教学实践中。然而，我们经常会发现，在相同的客观情况下，那些纯粹的高智商的人因为某种非智力因素（如缺乏热情、缺乏毅力、自信心、缺乏进取心等），未能达到应有的学业或工作成就；同样地，有些智商比较低的人，也会因为某些非智力的原因而取得卓越的成绩（如兴趣浓厚、热情高涨、不怕困难、勤奋努力等）。数十年来，一个美国的心理学者跟踪研究了1528个具有特殊能力的孩子。在实验的最后阶段，他对比了300个男生，他们当中有20%的成绩最好、20%的成绩最差，20%得分最高的学生在人格和意志品质方面都要好，他们具有很强的进取心、自信心和事业心，并且很有毅力，很谨慎。所以，要取得胜利，最重要的并非比普通人的智力更高，更重要的是超越普通人的热情、自信和毅力。良好的人格与精神素质对学生的知识和智力的发展起着重要作用。就课堂而言，教师的教学是一个整体的而非单纯的认知活动。在非智力的"海洋"里，人们的思维行为被埋没，或被称为"背景"。在此，我们可以参考心理预期模型（Flow模型）来解释非智力因素对学习者学习效果的，可以使用下列公式来表达此：

$$激发力量 = 目标价值 \times 期望概率$$

在课堂上，如果不能调动学生的积极性，那激励的动力又来自哪里呢？这个方程式给出了大致答案。目标价值是个体对学习的社会意义与个体意义的综合，而期望概率是个体对某一目标、计划或理想实现的可能性。很明显，所有的问题都是由非智力因素引起的。

因此，教学既要重视发展学生的综合素质，又要重视培养他们的人格、精神素质。物理教学要充分激发学生的学习兴趣、求知欲和学习积极性，使其养成良好的学习习惯、坚强的意志，从而在探索大自然的神秘、克服困难、解决困难的同时获得心灵的愉悦和满足。

在对教学与教育关系的理解上，我们有着非常丰富的经验和良好的传统，教育学理论也做了比较系统的阐述。教学中的每一项行为，包括教学内容、教学方法、教师言行，都必然存在着一定的思想观念和道德观念。无论教师有没有觉察到，教育始终在一定程度上影响着学生的性格（学生对待世界、生活、学习的心态，各种智力，道德情操和意志力）。教学的功能与教学的生成具有重要意义。所以，教学绝不仅仅是一个简单的知识传递过程，更应该是一种有教育意义的行为。在高中物理教学中，教师要把物理学的理论与实践相联系，用辩证、爱国主义、科学的态度与方法来训练学生，使他们养成优良的道德品质和修养，使他们能够遵守四项基本准则（诚实守信、自我控制、尊重他人和负责任），为实现社会主义现代化而奋斗。

简而言之，在我国的社会主义教育中，教学是一个人在教育活动中的认知活动，也是培养德、智、体、美、劳全面发展人才的一个重要途径。

（四）教学过程的规律性

教学活动的实质在于展示其规律，从而为制定教学原则、确定教学目标和教学内容、教学方式和方法等提供理论基础。教学过程的规律是指教学活动的内在和必然表现的规律。

通过对教学活动各环节的分析和探讨我们可以看到，在教师的引导下，学生主体对世界（认知对象）进行了一种特别的认知。

在课堂教学中，学生是主体，教师是主导，教学是由教师的教和学生的学组成的，教育是发展的。这四个方面体现了其在教学活动中的基本联系。由此得出了四个结论：认知教学（认知活动中的一种特定的活动）、教学的双向性（师生主体）、教学的本质和教学具有可持续的特点。

（1）认知教学。教学是学生与教师之间的基本联系，也就是主客体之间的联系。知识的生成与发展取决于学生主体和教师主导之间的互动，它是由主体对对象（情境）的主动影响来完成的。没有了本体的主动，知识也就不存在了。其主要体现在两次"飞跃"上：从感性到理性的"飞跃"，从理性到实践的"飞跃"。首先，重点是对象（情境）的角色，也就是要在物质的背景下进行物理的研究；其次，着重论述了学生的主动性，也就是学生的主体性和实践性；最后，指出要实现"飞跃"这一认知的基本法则，即要根据学生的认知规律来进行教育。

（2）教学的双向性。教学的双向性体现了师生在课堂中的基本联系。教学的双向性质表现为：教学是指教与学的结合，师生互动。教学即指导，即教师指导学生将所掌握的科学事实变成自己的认知，将所掌握的知识变成自己的能力。教师的指导要在学生的内在学习中发挥转换的作用。所以，教师在教学过程中应发挥引导的功能。学的主体是教主导下的主体，教的主导是对主体学的主导。

（3）教学的本质。教学的教育化体现了学科知识和道德修养的内在联系。教学总是带有教育性质的。教学的教育性可以用以下方式表达：在一个教学过程中，不管其学习的特性或学习的内容如何，都会产生一定的教育效果。这样的效果也许是好的，也许是坏的，在此情形下，教师可以保持、巩固甚至加强学生的某种人格品质。所谓教育，就是对人的世界观、道德观念的培养，也就是在教学的过程中进行道德教育。教学绝不仅仅是一个教学的过程，它更是一个教育的过程，它的教学思想、教学方法、教学理念、教学态度、教学情感等都会对教学产生一定的教育效果。教学与育人相融，无论古今，都不例外。

（4）教学具有可持续的特点。教学的可持续性体现了教师和学生的身体和心理发展之间的内在联系。教学的可持续性可以用以下方式来表达：有了知识，就有了发展，而学习就是一种发展。我们认为，教学的本质就是认知的一个过程，认知是知识的体现，是认知、情感、意志、性格以及各种人格的心理特点的体现。

二、认识过程的理论——认知论

下面从三个角度对物理学的认识进行探讨：第一，关于广义的知识论问题；第二，关于产生的知识论的论述；第三，对发展的知识论进行讨论，并对认识的方式进行简要讨论。

实践论、矛盾论、进程论是一个整体，是普遍的认知理论。人的认知是从实际出发的，在实际中，人先了解事物的特性，再从浅到深理解。根据对事物一般特征的了解建构起的一种新的学说。以理论为导向产生的新的练习（也就是实务），新的练习会衍生出新的学说，进而引导新的练习，循环演化。这就是认知论的全部内容。这个认知的整个历程显示出实践论、矛盾论、进程论是一个有机的、统一的整体。对事物某一种性质的测量或说明表示一种状态，一种状态的改变也就是一种进程。从状态和进程的演变角度来考查讲程，可以把过程说看作认知论的进化：状态—进程—状态。

杨超指出："运动是物理本质上的，而时间是它的生存形式；时空的延续与延伸，即为进程；过程将物质、运动、时间和空间辩证地结合在一起。因此，我们说，物体始终在移动，我们的意思就是，物体始终以进程的形式存在，而物体始终在前进。"

杨超对物体的移动进行了"状态"的定义。作为一个认知过程，我们也要意识到其对立和一致的状态。进化学是一种知识学，它可以简单地归纳成"状态—过程—状态"，它侧重于认知演变和进化。

从系统学角度来衡量或说明一个系统特征，也就是表征状态，而这个过程就是一个系统的状态。进一步说，一个"过去"所必需的更小的信息量（或参数、变量），可以更完整地测量或描绘未来的一个体系的行动。在对自然进化、社会进化和思维进化的考查中，我们必须分别定义一组状态量。这个研究，就是要考查状态量的改变。

从知识学角度来看，要对一个进程进行考查，必须对其进行状态研究。

对状态的改变有一定的了解，也就是对其特征的了解。一件事情经过一段时间就会进入另一个阶段。一个新的阶段，经过一个新的进程，再转变成一个全新的阶段。周而复始，不停地演化。事件的发展、经过的状况、人类对于事情的理解也是按照状态—进程—状况来进行的。

杨超又写道："一句话，冲突是一个进程，一个历史是一个进程，一个真相也是一个进程。其根本原因是：冲突的普遍性质，其实质是进程的特性，因此冲突是进程；历史既有生命，也有毁灭，而进程也受到法则的控制，所以，历史就是一个进程；在实践中找到真相，在实践中对真相进行验证，并在实践中不断发展，因此，真相就是一个进程。因此，实践论、矛盾论、过程论是一脉相承的。万物都以程序的形式呈现，以解释程序的客观与普遍；每一个程序都包含着双重属性，它是一个流程的本质。一切都是经过的，这是马克思重要的理论，也是伟大的历史唯物论。"

随着系统论的不断发展，人们更加深刻地意识到："体系就是程序，知识就是程序。"控制论、信息论、系统论这"三论"实际上是一论，也就是系统论；而实践论、矛盾论、过程论这"三论"其实也是一论，也就是认知论。认知论的发展已经步入理论的初级阶段，并逐渐发展成为系统论，这必然会使认知论的发展更加深入。同时，近代的认知论也必将推动系统论的发展。比如，系统技术的"状态—空间"理论在一定程度上促进了非线性随机系统的发展；同时，对于自适应、自组织、自学习的设计也是非常有用的。这种研究方式对系统论和认知论具有指导意义。

因此，尽管可以用状态—过程—状态等式来概括，但其重点却是认识进化；然而，在总体和深层次上，它仍然是实践论、矛盾论和过程论相结合的总体认识。

第三节　高中物理教学原则

教学原则是根据教育和教学目的，体现教学规律而制定并遵循教学规律的原则。由于研究对象、方法的差异，各种课程的内容、方法和活动模式都有其特点。高中物理的课堂教学除了要遵守基本的教学原则之外，还要根据自己的理解来了解过程的本质、特点和规律性，根据自己的特点，根据学生的生理特点、心理和认知的结构，充分利用周边的物理环境来进行教学。高中物理教学的基本原则不能简单地按教育规律或仅加实例说明，而应该将其与高中物理教学相联系，从而使高中物理教学的基本原则得以确立并得到实际落实。可以从五个方面来探讨这些原理：

（1）将科学性、教育性和艺术性有机地统一起来。

（2）激发学生的学习动机。

（3）建立物理环境，突出观察和实验的原则。

（4）启发思维、传授方法。

（5）联系实际、联系生活。

一、科学性、教育性、艺术性相结合的原则

在进行物理等自然科学课程教学时，要注意教学的科学性。对物理概念、物理定律要准确描述与表达，以及确保实验、习题的内容和数据的准确性。

科学的教学，教师要正确地讲清楚概念和规律，并教会学生正确分析和处理问题的方法。

物理的教学需要教师使用专业术语。在论述重大物理学观念和定律时，教师要做到措辞准确。比如，在谈到比热容时，应该说"物质的比热容"，而不是"物体的比热容"；讨论电磁场时，应该说它是围绕着电荷的，而不是把它叫作"电荷周围的空间"。当然，注重专业术语的科学化并不意味着教师在课堂上就要讲很多专业术语，就好像是在背单词。我们应该尽量使课堂简单明了，这与教学的科学化没有冲突。教师在普及教育的同时，也要防止庸俗，注重科学。

教学总是要有教育意义的。在物理教学中，教师要注意培养学生的教育观，适当地（不过度）挖掘教育的成分，使其融入教学的各个环节。教育性指的是政治、思想、道德等方面的教育作用，如爱国主义、社会主义、坚持四个基本原则等的政治影响。德育内容包括"三位一体"，要使学生树立正确的辩证唯物论观点，树立正确的为人民服务的人生态度；使学生以辩证唯物主义方法为指导，以真实的物理学和物质的本质为依据，阐明其内部的辩证联系，从而逐渐形成辩证的认识。道德教育包括实事求是、尊重事实、尊重科学、爱护公物、团结互助等。

同时，教学要讲究艺术。艺术是要注重教学的方式，使学科与教育有机地结合，从而达到很好的教学结果。教育与人有关，与师生有关，而人的心理行为又是错综复杂的，牵涉许多情绪方面的问题；因此，教师不能仅仅按照一定的规律行事，也要考虑到它所不能涵盖的各种要素，我们把它叫作艺术。如果忽视了艺术性，那教学就是不完整的、不适当的。

物理是基本的、基础的，在物理的教学过程中，教学的作用是贯穿于教育的；艺术是实现物理教学最佳效果的途径、方法和技术，它们相互补充，形成一个整体。高中物理教学应遵循科学性、教育性和艺术性相统一的基本理念。

二、激发学习兴趣的原则

情绪在人类的各个行为中扮演了重要角色。比如，人们喜爱的工作，往往能很好地完成，甚至废寝忘食、不辞辛劳，而且效果显著、效率惊人。相反，让人讨厌的工作不能激发人们的动力，让人觉得乏味，效率低，这在学生的学习中也是一样的。

教师要让学生主动去学，就是要把学生的积极性调动起来。学生的学习动力分为外部激励和内部激励两类。教学中应努力在教师的指导下，充分调动学生的内部动力。在青年时期，兴趣常常成为学生的主要动机，当教师让对所学知识、所要解决的问题有了强烈的好奇心时，他们就会充满激情地投入到对知识的发现和解决问题的学习，通过对知识的探究和解决问题的探究，从而能够更加深入地学习。随着时间的推移，学生对物理的探究也就越来越有兴趣了。

要注意，要充分发挥学科知识自身的吸引力，以调动学生学习的积极性和情绪。在这种情况下，教师自身的情绪会对学生产生强烈的影响。一位教师，具有浓厚的好奇心，对物理学有着浓厚的热情，以一种充满激情的态度引导学生探究相关领域的秘密，将极大地改变学生的学习兴趣和情感。

根据高中生的心理特征，结合高中物理的学科特征，充分调动学生的学习积极性，是高中物理教学工作的一个重要方面。

三、创设物理环境，突出观察、实验的原则

前面对教学的流程和规律进行了阐述：让学生在物理学的背景下进行物理学习。在物理学的背景下，学生们可以学到物理学，即"识物树理"。

理解和认识物理学的本质是理解和认识物理学的起点和依据。在物理课堂上，教师要营造一个让客观事物和现象形象化、易于观察的情境。学生通过观察和实验，对物理的事实、现象有深刻的理解，有丰富的、感性的、生动的、具体的知识和资料的累积，挖掘出尚待探究的问题，从而为下一步提供思维活动的思路和根据，进而构成观念和法则。这一点在科研上也是一样的。所以，人们对物理学的理解、对物理学概念的理解，对物理学法则的理解，甚至对物理进行理论研究，都需要对其进行观察和实验。观察与实验是

物理学的根本，是学习物理的一种重要手段。物理学的物理情境就是对物理问题进行的一种仿真和概括。如果没有进行观察与实验，那么，原本鲜活的知识就会成为一种毫无意义的僵化的教材，从而使学生掌握的是僵化的、毫无意义的知识，那就不叫物理教学了。鉴于物理的学科特性和学生的基本知识，高中物理教学应注重创造物理的情境，注重学生的观察和实验。

四、启发思考、传授方法的原则

在物理学的研究中，有大量的观察与实验。为了获取物理学知识，学生还需要在此基础上进行思想的处理，即把观察、实验所得的感性知识与数据进行分析、比较、综合、抽象和概括，上升到理性高度，确立观念与法则，实现认知的首次"飞跃"。这种思考处理的程序，既要遵循解决物理问题的思路，又要适应学生的心理特征和思考的现实。高中物理虽然未能充分反映出其主要的研究手段，却也不乏一些新的研究手段，如观察法、抽象归纳法、比较分析法、综合法、推理法、定性和定量分析法、问题理想主义法、等效法、类比法、应用初等数学表示法、逻辑推理法等。在学习过程中，学生若不能正确地认识和掌握物理学的知识，将使学习变得更加艰难。高中学生刚接触物理，会将以前的数学、语言等知识运用到物理教学中，这就造成了很大的难度。高中物理教学应重视激发学生思维，积极主动地利用物理知识进行教学。物理知识的认知方式要以学生的思维方式来体现，让物理的过程成为启发和引导学生运用物理的方式提出问题、探索和研究问题的过程。这种教法既教知识，也教问题，能让学生学到知识的同时，逐渐打开学物理的"窍"，学会更多东西。

学习物理是为了把它应用到实际中去：将所掌握的知识应用于现象分析与解决问题，即将所学的知识转化为实践活动，实现认知上的飞跃。在实际的教学过程中，我们经常会遇到很多学生，他们对于某些物理问题并不觉得有多大的难度，然而当他们试图用物理的方法去理解和解决问题时却又无从着手。经常会听学生说，教师所教的东西他们都能理解，但是他们却不知道如何运用。究其成因，一是对基础知识不理解，二是缺少对问题的思考与解决办法。从懂到会用是对知识的又一次飞跃。要实现这种认知上的飞跃，必须有教师的指导，而这种指导，就是教会学生利用自己所掌握的知识去分析、处理问题。比如，在解决物理问题时，应该先了解该问题在物理中所涉及的各种物理过程的特点与状态，并构造出合适的物理影像；选择合适的实验目标，根据实际情况，找到与之对应的物理定律和方程，避开那些未经解析而胡乱推导的方法，从而进行相关的运算；在解释现象和回答问题时，运用所掌握的专业知识，对问题进行详细分析，把握各要素的特点与状况，并做出合理的推断与判定；应用数学理论进行问题的分析与求解；采用理想化、等效代替、近似处理等方式解决实际问题；运用观察与实践，检验所掌握的技术解决一些具体的问题。高中物理问题分析与处理的思维与方式在教学过程中运用并不轻松，必须经过教师的悉心指导。指导不仅要依靠教师的讲解（不排除教师的分析与演示），更重要的是启发。高中时期的认知必须经过自己的反思与实践，逐步掌握分析与处理问题的思维与方式，从而促进其智力与技能的发展。"启发思考、教方法"是高中物理教学的一个重要基础。

五、联系实际、联系生活的原则

在高中物理教学中，理论与实践相结合是一种非常好的教学方法，值得我们继续推广。物理教学要培养学生的科学和文化素质，以满足当代社会的实际需要。教学必须真正做到联系实际、联系生活，把学生所学的东西，包括它的来源、基础与自然界和生活联系起来，这样，学生才可以把所学的东西应用于实际生活。在现实生活中，我们所看到的物质世界是多姿多彩的，既有自然的问题，也有技术上的问题，还有现实的问题。眼睛看到的、耳朵听到的都是对象与对象之间的互动，都能作为我们感官认识的源泉。所以，高中物理教学要注意对自然界的观察和对现实生活的分析，从而使教学与生活、间接经验与直观经验相融合；在教学过程中，要不断创新各种不同的练习方式，从"半独立"到"独立"、从"简单"到"繁"，使知识应用到实际生活中，注重学生动手能力的训练。与实际、现实相结合的东西非常多，涵盖了生产技术的实际情况（在此强调其应用的物理理论，而不是技术上的具体问题），也涵盖了人们在日常生活中遇到的一些普遍的物理问题，以及一些与物质相关的社会经济学问题（尤其是当地生产、能源和环境等实际问题）。在课堂上，教师要让学生认识到物理学在社会和大自然中无处不在，了解科学、技术与社会的关系；学习物理后，使学生能够对各种自然界的现象进行阐释，能够在现实中处理某些现实问题；使学生感受到学习物理学很有意思，也很实用。

因此，高中物理教学应注重联系实际，与生活紧密联系，使学生产生学习的兴趣和好奇心，促使他们勤于观察、积极思考，从而快速地学会、熟练地使用；在实践中，通过对问题的认识，对实际问题进行分析与解决，有助于提高学生对问题的解释和解决能力，并促进其创新意识的形成。

联系实际，联系生活是高中物理教育的另一根本需求。

以上五条原则并非独立存在，它们彼此之间存在着一定的关联，因此，教师在教学实践中应全面实施。在高中物理教学过程中，必须严格遵守这些原则，还包括接受原则、巩固性原则、因材施教原则等。

第四节　高中物理教学方法

教学方法是在演变中不断发展的，正确选择教学方法，正确运用教学手段，对教学任务和目标的成功实施和达成起着举足轻重的作用。

一、教学方法概述

教学方法是指师生在教学中以不同的工作方式和不同的学习方式构成的一套教学方法系统。从这种意义上讲，教师的教学方法有两大特征：

（1）教学方法是师生意识与知识之间的互动。

（2）教学方法是一种为了实现教育目标而进行的有组织的活动过程，是一种有序的活动模式系统。

科学地使用教育方法的目标在于尽可能快地发掘学生智力潜能，达到高质量、高效的教学效果。

关于教学方法，应该注意以下几点。

（一）教学方法和教学方式是两个不同的概念

教学方法是一种具体的教学方式，它包括多种教学手段。比如，授课就是一种教学方式。教师授课时可以做演示实验，让学生观察，讲述或描述一个事件，解释一个现象，论证一个原则，其中，演示、观察、叙述、描述、解释、论证等都是授课的一种教学手段。

（二）教学方法不是一成不变的

教学方法是随着生产力的发展、科学技术的发展、教学手段的进步、教学理念的改变、教学内容的改变以及对学生的学习和心理特征的了解而发生的演变。

（三）选择、运用某种教学方法，绝不能凭教师的主观意向来决定

选择和确定的教学方法应有其客观依据。教师要依据教育目标、教学的具体内容与要求、学生现有的基础与发展程度、学校的设备条件、教师自身的专业与经历以及要处理的问题的特点等，采取有效的教学方法。不论采用何种教学方法，都要加强学生与学生的交流，调动学生的学习兴趣，促使学生主动思考、掌握知识、发展智力，提升学生的道德修养。

（四）教学方法对教学工作的成败有特殊重要的作用

教学方法要有思想性、科学性和艺术性，即教学并非单纯的死记硬背，它是对学生现实进行重新创作的一种努力。同一课程的两位教师，在相同的知识层次上，因教学方法的不同而产生了不同的教学结果。

在教学活动中，教师要注意把握教学的特点，发挥教学设备和教材的作用，创造特殊的教学情境；在具体的教学方式上，要结合实际、针对问题，不能拘泥于形式，要因材施教、因人而异、积极实验、勇于创新。

二、近代教育史中教学方法的两大流派

下面简单地阐述100多年来的两种典型的教学思想和教学方法。

（一）赫尔巴特的教学思想和教学方法

在德国，赫尔巴特是一位杰出的教育学者，他提出了一系列教育思想，并对其教学方学进行了研究。

从对兴趣和注意力法则的分析来看，赫尔巴特认为，教育应该遵循某种特定的过程。他将教学过程分为明晰、联想、系统和方法四个阶段。每一步都要重视学生的精神状况，合理地选用合适的教学方法。

（1）明晰阶段。此阶段教学的关键在于运用清晰、简洁、形象的说明让学生自然而然地把兴趣点、注意力集中在新事物、新观念上，从而有探究新教材的意图。

（2）联想阶段。此阶段教学的关键在于运用幽默的谈话和分析的方法让学生将新的想法与原来的想法相结合，并引起他们对两者的强烈兴趣。

（3）系统阶段。本阶段以综合方法为主，以获得新知识与旧知识之间的内在关联性及确切的定义、结论。

（4）方法阶段。此阶段的重点在于实践与做功课，注重对方法的掌握，并能顺利地完成知识的应用。

赫尔巴特针对上述四个教学阶段的需求，分别从叙述、分析、综合三个方面进行论述。

（1）叙事式的讲授。该教学方法适合教师讲授新的内容，要求教师的语言生动、有灵感，有明晰的教具。

（2）解析式的教学。它需要教师在课堂上对所获取的各种概念进行分类，并寻找条理性的途径。

（3）整合式的教案。在上述基础上，通过对知识的整理和归纳，使其成为一个有机的整体，使学生能够得到全面、完整、系统的知识和知识的相互关系。

之后，席勒和莱因，赫尔巴特的弟子，按照当时的教育需求，将赫尔巴特教学的四个阶段扩大到了五个：

（1）准备，唤醒学生对过去的观念，提问，阐明目标。

（2）提示，新问题的产生、新的解释。

（3）连接，将新知识与旧知识进行对比，使两者相互关联。

（4）归纳、归纳，得出结论。

（5）将所掌握的知识运用到实践中去，解决问题并做相应的实践。

这被称为五段教学法。五阶段教学法具有与人类心理和教育的某种特定规则相适应的特点，注重新旧知识的衔接，注重学生心理状态、兴趣特点，注重实践活动的强化，具有非常积极的作用。它在欧美流行，并在中国传播开来，曾对中国的中小学教育产生很大的影响。

（二）杜威的教学思想和教学方法

约翰·杜威是美国杰出的教育家和哲学家，在教育方法上，他主张"做中学"，注重从学生的实践出发，以激发和满足学生的兴趣和需求。

杜威在课堂上注重激发学生的思考能力，他把人类的思想分成五个阶段：

（1）困难情况。

（2）查明问题的根源，并向其发问。

（3）为困难问题提供多种假定。

（4）推理出哪个假定能解答问题。

（5）进行实验，对假定进行检验或修正。

杜威把思考的功能看作把模糊的、难以理解的情境转化为清晰明确的情境。

杜威从五个阶段的角度出发，总结了五个阶段的教育过程：

（1）教师为学生创造一个主题的情境，情境一定要和真实的体验结合起来，让学生有兴趣去理解。

（2）为学生提供充分的材料，以便学生进一步观察、分析、研究题目的本质及问题。

（3）让学生自己提出问题的解决方式或临时地给出几种不同的答案。

（4）让学生自己从想象中推导出问题的答案。

（5）对实验进行检验，要求学生按照清晰的设想，亲身实践，检验整个测试的效果与期望目标是否一致。在实践中，学生会发现这些假设的真实性和正确性。

这被称为"教学五步"法，在美国乃至全球很多地方都有着深远的意义。1919年到1921年，杜威先后在中国13个省市开展了一系列教学讲座和调研活动，对中国的教育也有很大的影响。

这两个学派在当代教育中的作用和发展轨迹中经常可以看到。

三、高中物理教学中常用的教学方法

教学方法千差万别，对其进行归类和定名更是一项十分烦琐的工作。根据同一教学方法的不同角度和特点，采用不同的分类方法，可以对其进行不同的命名。例如，按照教学工作的内容进行分类，教学方法有知识的传授、技能的形成、知识的巩固、技能的巩固、知识的检查、技能的方法等；根据获取知识的方式，教学方法可以分为口传法、直观法、实践法等；根据特定的教学特征进行分类，教学方法可以分为悬疑法、示意法数不胜数。

在此基础上，结合高中物理课程的特点，对一些常见的教学方法进行探讨。

（一）以讲授为主的讲授法

讲授法是指教师在教学过程中，以文字为主，并结合教学实例进行教学。它的特征是：以老师的话语为主，并辅以其他方式（如实物、挂图、演示实验等），让学生能够熟练地运用所学的知识，并激励他们思考，发展他们的技能。

讲授法是目前最常用的一种教学方法，它可以教授新的知识，也可以用来巩固原有的知识；它能对物理学的现象进行描写，对物理学的事实进行说明，对物理学的观念进行阐释，对其进行理论上的证明和说明。讲课内容越系统理论性越强，讲课的可能性越大。所以，讲授法在高中课堂教学中相对于初中课堂更为常见。在采用讲授法时，要充分利用实物、挂图等，尽可能地进行教学示范，以生动形象、富有感染力和说服力的语言，使问题清晰、明确，并有效地指导学生思维活动。

学生在教学过程中，通过对现象的观察和展示，遵循老师的指导思想，对所教授的内容、事物、现象有清晰的认识，并能主动地进行思维活动，使自己对课本的要点有更深入的了解，从而掌握一些研究问题、解决问题的办法。

值得注意的是，即便是在科技日新月异、教学改革不断深化的情况下，课堂讲授仍然是高中物理教学的重要手段。真正的物理教学方法并不是教师"照本宣科"，而是用一根粉笔、一张嘴、一只手听写，而学生们则会根据教师所说的进行笔记。这样的观点和实践其实是对教学方法的一种偏颇的认识。教学方法是利用多种视觉展示，或用生动的例子来激发学生对物理学的理解，对物理学的知识进行系统化的阐释，对物体的相互关系进行分析，阐明问题的要害，指导解决问题的技巧，使他们能够主动地进行思维活动，从而使他们了解物理学的特性。高中物理的讲授法应该是：

（1）教学方法合理，与学生的现实情况和知识的发展相适应。

（2）建立一个学习物理的教学情境，也就是强化示范教学。

（3）教学时强调要点，条理化，语言直观、形象、准确、简洁，能激活学生心中的感性知识，激发他们的思维。

（4）传授的内容应以培养学生的综合素质为基础，善于运用比较、分析、综合、归纳、推理等思维方式，将客观、逻辑性与某些艺术技巧相融合，从而达到发现问题、解决问题的目的。

（5）教师要树立榜样，用传授的方法，对学生进行潜意识的培养，培养学生实事求是、相信科学、热爱学习的情怀。

要想恰当地使用教学方法，必须进行大量的创造性活动。现实中，教师、教材、物质条件等诸多因素，导致高中物理课堂的教学质量低下，甚至仅限于高中物理的一种形式，有因循守旧、照本宣科等教风的存在。所以，目前的教学改革应注重对课堂教学方法的恰当处理与应用。

（二）以实验为主的实验法

把观察和实验这种人类对客观事物的认知方式和物理学相联系，是高中物理实验的一种普遍做法。其主要有边讲边做、学生分组实验、变演示实验为学生实验、学生课外实验、探索实验方法等。这种教学方法的特色在于通过实践，使学生的实践意识与思考活动相联系，从而获得知识、技能，发展智能、增强技能，尤其是获得观察、实验、动手、思考的能力，严谨的科学精神和务实的工作方法。

教师要营造良好的教育环境和教学环境，引导学生进行实践活动，用大脑发现问题，积极思考；在教师的引导下，学生亲身实践，观察、记录、分析，综合实验现象，总结实验结果。

在教学实践中，教师不但要指导学生，使他们不断地了解教学目标和教学需求，而且要注意对出现的问题进行预防，既要使他们充分运用所学到的相关知识与体验，又要适应形势的改变，灵活应用。实验活动自身具有较强的认知能力，通过观察现象、亲自安装实验设备、使用仪器等多种实践活动，通过对实验的结果进行分析、总结、撰写实验报告等方式，逐渐使学生掌握知识和技能，进行观察研究和探讨，从而增强学生的思维能力和解决问题能力。

实验方法具有较强的直观性，观察到的事物、现象在大脑中会呈现出鲜明的形象，对认识和维持知识有很大的帮助，同时会激发学生对学习物理的兴趣。

（三）以讨论为主的讨论法

讨论法是指教师在课堂上就课堂提问、预先准备、课堂上进行探讨、最后归纳而形成的一种教学方法。

讨论法的特色是：教师在课堂上按特定的教学需要，提前提问，而学生则可以从不同的渠道（除了阅读教科书以外，还可以查阅其他的文献或其他的教科书）寻找答案。

在此应该注意到，在高中物理教学中，只要在教室里提问，就要让学生把教科书读完，然后进行辩论，最终所有的学生都会对教科书上的内容达成共识。

在进行讨论之前，要使学生有足够的时间进行充分的准备。学生自我准备的过程即自我学习的过程。在探讨过程中，学生可以交流、启发、集思广益、取长补短，以实现对事物和现象进行多个视角的深入了解，使所学习的东西更容易被记住。讨论过程可以增加学生的知识量，拓展思维、激发学生思维，提高学生学习的热情。

讨论法对教师的教学要求更高：

（1）在掌握教材内容和教学要求的基础上，针对学生在教学过程中可能出现的问题和障碍，适时地对问题进行适当的探讨。在此基础上，应对可能发生的种种状况进行全面评估，并做好相应的指导与处理。

（2）教师要创设情境，让学生提前读教科书及相关资料，指导他们进行实验，或进行对自然界的观察，避免讨论偏离正题、走过场。

（3）学生讨论时教师要注意激发学生的自主思维，使他们能够自由地表达自己的观点，并且能够就各种观点进行辩论。最后，教师要对所要解决的问题做出一个清晰的总结，对学生理解和应用中经常会出现错误的内容进行探讨。

讨论法可使学生的学习热情得到最大限度的激发，能够使学生的注意力高度集中，使课堂氛围更加活跃，有利于提高学生的思考速度和灵活度，有利于提高学生的自主学习和语言表达能力。

（四）以发现为主的发现法

发现法是一种以探索式思考为目的，以探索为步骤的教学方式。发现法的特点是：教师要创造实验的环境，让学生自己去摸索，最终让他们既能了解学习的内容、特点，又了解知识的获取过程。应用发现法的基本方法：

（1）教师以探究式提问，让学生做一个关于所提问题的实验，或者是对特定的现象进行观察。

（2）学生根据观察、实验或根据现有的原理，对各种现象的成因、不同的观念、不同的概念、不同的数目、不同的关系等进行猜测，并进行更深入的研究。

（3）学生在教师的指导下，将所掌握的知识和所学问题相联系，进行对比分析、抽象和归纳，并通过讨论得到最终的结果。

比如，在"电磁感应"的课程中，教师先根据学生已有的知识提问，再让学生进行新的反思：电流会不会形成磁场？磁场会不会产生电流？

学生在教师设计的实验情境中进行探究：

（1）进行两个实验

① 从一个静止的磁极区两端抽出一个带电流计的多圈封闭线圈，发现电流计的指针出现了偏转。

② 仍然使用以上的设备使封闭的线圈静止，并且当磁体运动时，也可以看到电流计的指针偏转。

通过以上的实验，学生自然而然地发现，当封闭的线圈与磁场存在一定的相对移动时，一定会引起一种感应电流。

（2）教师让学生反思：以上的分析结果对不对？会不会有这样的结果？要解决这一问题，还需进一步实验和探讨：在一个大的工作面积的恒磁场里，让一个带电流计的多圈封闭的线圈在一定的磁场范围之内横向移动。学生会注意到，不管线圈转动的速度如何，电流表都没有变化。反之，小的绕组静止，而磁体运动时，电流表依然没有变化。这就说明，封闭的线圈与电场存在着相对的移动，并不必然会引起感应电流。此时，有学生已经发现，在这种情况下也能产生电流，那么，需要怎样的环境才能使这种现象发生呢？学生通过实验、思考，最终会得到一个准确的答案。

以上步骤不需要学生自己动手，教师会根据自己的经验来解释，并给学生留下思考和总结的空间，这就是所谓的"探索"和"实验"。不过名字不是重点，重点在于安排好学生的学习。发现法的重点在于教师对问题进行提问，使学生探究、思考，并进行推理，从而得出一个正确的结论。

（五）以探究为主的探究法

探究法是把学生的研究重点从知识的灌输转向对知识的探究，从被动地接受到积极地获得。

探究法具有学生积极参加和亲身体验的特征。在探究过程中，学生通过对物理知识的认识和掌握，体会到科学探究的快乐，掌握对科学探究的理解。研究内容包括：

（1）提问（学生能在物理领域找到问题，或由教师提问）。

（2）猜想与假定（学生根据自己的猜测和设想来解答问题）。

（3）进行实验或制定实验（为验证理论，制订实验方案，研究参数和控制方式，确定实验设备和设备）。

（4）进行实验或收集资料（真实地通过实验或利用公开的资料来源收集资料）。

（5）解析与证明（对实验资料进行解析、整理，尝试从实验的现象、资料中得到结论和证明）。

（6）评价和思考（尝试从理论上的不同点总结经验，完善研究计划，或者在探新过程中发现新的问题、提出新的问题，撰写研究报告）。

（7）表达和沟通（能用语言、文字、数据、图表等方式来表达探索的过程和成果，能听取和尊重别人的意见和评论，互相交流）。

在此需要说明的是，特定的探究程序仅仅包含了这些因素，并不必然按照上述次序进行。探究法的本质就是学生在课堂上积极地进行研究，通过观察、实验、调查等多种方式收集信息、处理信息、分析论证、得出结论；通过表达、交流、修正或改进，培养一种严谨的科学精神和职业道德，并具有强烈的社会责任感和使命感。探究法对增强学生的问题意识、信息意识、研究意识和合作意识具有重要的作用。

四、各种教学方法的比较和综合运用

每种教学方法都有其自身的特色，并有各自的应用条件和应用领域。每种方法都有其自身的限制。将一种教学方法称为一种普遍适用的最好办法，过于重视它的功能，或夸大它的效用，都是不对的。比如，美国布鲁纳"知识结构"的教育思想所倡导的探索式教育可以使学生的探索、认识和创新能力得到很好的发展。美国物理学会以此为指导，组织和发行了《PSSC物理》，受到了国际社会的广泛关注。多年的教学实践证明了该教学方法在学生探索知识、发现规律、训练思维和推理能力等方面都很有用。但对于广大的学生来说，如果把它应用到全部的课程中，其结果往往并不尽如人意，反而会造成许多学生无谓的痛苦。

所以，要准确把握各类教学方法的作用，并结合教学目标与需求，结合各个领域，尤其是针对学生的实际，选择合适的教学方法，对于提高教育质量有着非常重大的作用。

对实验结果的分析表明，在实际操作过程中，综合使用多种教学方法是十分必要的，原因很简单：

（1）教学方法的多样性可以激发学生的多种感知能力，提高感知敏锐性和有效性。

（2）多种教学方法可以使学生充分发挥左右脑的不同作用，加强记忆，并能训练学生多种思考方式，帮助他们加深对知识的认识，培养他们的综合素质。

（3）教学方法的多样性能够促进学生的认知活动，激发他们的学习动机，为他们的知识发展提供有利的环境。

（4）教学方法多元化有助于学生的学习，促进教学质量和教学效果的提升。

总之，各种教学方法都有其自身的特色，如果正确使用，就能取得理想的教学效果。应注意，如果没有明确教学目标和教学要求、学生年龄、知识层次、教学环境和教学条件等因素，一成不变地采用一种教学方法是很有问题的。教学方法的选取要立足于实践，绝不能仅由个人的主观意志决定。

五、改革教学方法的指导思想

尽管教学方法有多种特定的教学方式和手段，但它们并非单纯地相互结合，而是以一套系统的指导思路为主线。所谓启发式或者注入式，是从教学方法系统的指导思想出发，而非特定的、个体的教学方式和手段。

从理论上讲，启发以学生为主体，认为他们愿意学，并且能学好，同时注重教师的角色，立足于实践，使他们在不同的活动中主动地思维、动手和动脑，从而实现认知上的两次飞跃。教师在讲授中还要指导学生分析和反思，以最大限度地激发他们的学习热情。

灌输，从其基本原理上讲，是将学生视为单纯的知识载体，让他们在学习过程中完全处于消极状态，从而导致他们的思考能力和创造力不足。学生的知识获取和发展的主要方法是教师的讲授，教师不说，学生也不会，基于这样的认知，采取了探究法和发现法的方式和方法，但真正贯彻还是需要教师的指令和解释。

虽然具体的教学方法千差万别，但每一种方法都具有一定的启发性。而在实践中是否能够充分地体现出这些要素的作用，则要看教师对其采用的启发式或注入式的指导方针。

启发式不能单纯地用提问来解释，它是一种形式上的"启发式"的解读。教师在课堂上常常提出问题，但并不必然是启发性的。与此形成鲜明对比的是，在课堂上，老师不对学生提问，而采用课堂授课，引导学生积极思考，主动动手操作，或采用启发式的方式。

简单来说，别只看重表面，要注重内容。启发式教学的关键在于信任学生学习的主动性，使他们通过亲身的观察和实验，积极地思考、掌握知识、发展能力，即激发学生学习兴趣、求知欲，热爱科学的情感，勇于攀登高峰、克服困难的毅力；激励学生观察、实验、了解现象、获取数据、找到问题；激发学生的主动性，培养观念，发掘规律；培养学生的学习方式，使其明白学习的实质，提高其应用的能力。

要实现这一目标，教师除了要正确对待教学思想和明确意义，还要注意教材选择和教材处理。

挑选所需的资料：

（1）具有一定的典型性，可以从本问题中总结出一些教学的要点。

（2）具有启发性，让学生感兴趣和耐人寻味；有的问题学生并不熟悉，也不完全理解，换句话说，要想把问题的答案弄清楚，并非易如反掌，亦非遥不可及。问题如果一经解答，不但会令学生记忆深刻，也会令学生时常思索。

（3）教学效果显著，能够让学生在课堂上充分了解自己的学业成绩，获得心理上的满足，从而进一步激发学生积极的求知欲望，掌握知识、技能、方法，从而促进学生的学习。

要营造一个学习的物理情境，使客观事物和现象形象化，易于观察和主动思维。同样的题目，不同的情况、不同的提法、不同的程序，都会有不同的结果。

第五节 高中物理知识结构和能力结构

一、高中物理知识结构

知识是学生的主要学习内容，正确的知识体系有利于理解和掌握。因此，高中物理教学还必须先对高中物理的相关理论进行全面的整理，以使学生能够更好地理解和掌握这些内容。

关于高中物理的知识系统划分，在新一轮的教学中，以不同的学科为基础，以物理（力和物体平衡、直线运动、牛顿定律、曲线运动、振动和波）、热学（气体动力学、气体实验定律）、电磁学（电场、电路、电磁感应）、光学（几何光学、光的本质）、原子物理（原子和原子核）构成了高中物理的知识系统。新一轮的新课改之后，高中物理的基础理论框架由物质、机械运动、电磁运动、能量四大部分组成，形成了一个完整的知识库。在基本类的四个模块中，基础的物理课程被赋予了最基本的物理和思维方式，而扩展性的课程则是对四个学习模块的进一步深入和完善。新的高中物理课在构建结构的同时，也保持了传统的物理教学模式。

二、高中物理能力结构

完成特定任务的技能，是完成特定任务的特定手段；完成某项任务的特定精神状态，是完成某项任务的必要手段。个人能力对项目实施效果有很大的影响，是项目能否成功实施的一个关键内部要素。技能可以划分成普通技能和特殊技能。举例来说，观察力、记忆力、注意力、思考能力、想象力等都是普通能力。

20世纪80年代，哈佛大学的发展心理学家霍华德·加德纳博士创立了多元智力理论，这一理论在欧美及亚洲等各国得到了广泛的运用，取得了巨大的成就。霍华德·加德纳教授认为，人的智能并非单一，而是由语言智能、数学逻辑智能、空间智能、身体运动智能、音乐智能、人际智能、自我认知智能、自然认知智能这八大智能构成的。

从多元智能的观点来看，物理的能力是基于人类普遍的智力，以语言智能为媒介，以数学逻辑智能、自然认知智能为主要特征的一种学科技能，在这个框架内，不排斥其他智能的存在。

（一）物理阅读能力

1. 能力概述

物理阅读是指在阅读物理材料（如物理课文阅读、习题阅读）时，提取、掌握物理知识和信息，并运用它们来处理物理问题。

物理阅读和普通的阅读是不同的。物理教科书科学地表达物理学的知识，具有科学、准确、简练、意义清晰等特征。所以，在阅读物理学教科书时，要注重对物理学语言的严谨和精确运用，要把一个概念和规则的每一个词都仔细地解读和分析，要把握它所传达的物理意义。

布卢姆在《教育目标分类学》中提到，"教学可以按照从简到繁"的次序来划分，我们还可以将物理的阅读能力按照从低到高的顺序划分成若干层级，它们具有不同于其他等级的特点，但它们彼此关联，较低的等级是较高等级的起点。

（1）第一个层次是认识性水平的物理阅读能力。认知性的物理阅读能力在物理学习中属于比较低级的一种，这个阶段的物理学习只能实现一个更高的学习目的，它的特点就是在物理学习的过程中，排除了物理文字、符号、图表等方面的困难，仅对所读的物理资料的基本结构和内涵有所认识，并能够理解物理中所描写的物理现象和内容。

（2）第二个层次是理解性水平的物理阅读能力。理解性的物理学阅读能力以认知的能力为依据，实现对知识的理解与运用的目的。在这一阶段，学生可以通过联想、想象、分析、综合等方式，了解所读的物理教材的基本含义，掌握好这些知识之间的关系。然而，在读完之后，他们仍然无法就所读的内容发表自己的观点。

（3）第三个层次是评论性水平的物理阅读能力。评论性的物理阅读能力是高中阶段的物理阅读能力，处于这一阶段的学生能够实现全面、评估的教学目的。它的特点是对所读的物理学知识的内容和结构有很好的了解，能够把各种不同的部分连成一个新的整体，能够更好地对所读到的物理学资料的属性和价值做出较为准确的判断，并且能够对自己的阅读水平做出正确的评估。

（4）第四个层次是创造性水平的物理阅读能力。在物理教学中，学生的创造性物理阅读能力达到了最高的水平。达到一定程度创造力的人，不但可以了解所读的资料，还可以做出恰当的评价，表达自己的观点，激发创意，并能找到新的问题。这一阶段的学生表现出两个显著的特点：一是能够将已学到的物理知识重新组织起来，从而形成一个全新的知识图景；二是具备很好的批判性，能够打破现有的物理知识结构，并能够对问题进行新的思考。

应指出，各专业技能水平之间并非完全分离，而是相互交叉、紧密联系的。物理阅读能力的发展始终处于由低级到高级的阶段。把握好这些特征，既有助于教师对学生进行针对性的引导，也有助于在课堂上系统地进行物理阅读能力的训练，从而促进物理教学整体水平得到进一步提升。

2. 能力培养

高中物理阅读能力的训练已经深入高中的每一个角落，很多高中物理教师和有关专业人士都有自己的看法。

（1）通过课前预习，培养学生阅读习惯。每个教师都非常关注学生的学习，包括物理教师。然而，在学习过程中，学生的阅读习惯不良，导致了学习不能收到预期的效果。所以，在教学过程中，教师要注重对学生进行课堂预习的引导，并对其进行有计划、有步骤的养成。

① 教师要使学生清楚地了解教科书的重点：第一，在阅读时要注意语言的叙述，同时要注意教科书中的图表和图画；第二，在阅读时应注意那些有普遍意义的物理学法则，注意那些有特点的问题；第三，在阅读时要注意"成果"（物理概念、公式和定律），同时要注意概念、公式和规律的生成。

② 在教学中，教师要引导学生在阅读时做好笔记，无论是课本上的注释，还是书面的读书笔记，都要让他们养成在阅读中摘出要点和困惑的习惯。

③ 教师对学生的读书有一个逐步学习的过程。教师要对学生的阅读需求非常清晰和具体，既要让他们清楚地了解所要解决的问题，又要让他们清楚地了解所要做的事情。此外，预期要让学生在课堂上仔细研读，这样才能取得预期的学习效果。从最初的逐一核对，到互相核对，到最终的自我审查和教师的随机抽查，可以对学生的阅读记录进行核对，也可以对课堂上的问题进行随机抽样。随着时间的推移，在教师的引导下，学生会逐步形成自己的好的读书习惯，从而培养自己的阅读能力。

（2）通过课堂教学，教会学生阅读方法。在课堂上，教师要善于利用课本及有关的文献，身体力行地引导学生学习使用正确的读书方法。下面将结合已有的相关资料，对物理学的某些特定的读法进行阐述。

① 重点读物。要想提高阅读能力和记忆力，就要找到重点。

② 记笔记。在课堂上，学生要把重点和典型例子都记下来。

③ 总结式地读。通过与课本中的知识库相联系，学生能够在明确的基础上，对所学内容进行全方位的反思，从而提高思维的条理性。

④ 将阅读与学习相融合。学生通过学习来了解有关的课外读物。根据物理学的学科特性，在提高高中物理阅读能力的基础上，注重提高对特定教材的理解和掌握的能力。按照高中物理考试的有关规定，这些教材包括了数学公式、物理图像等。

如第一，读一篇算术式。物理学中很多定律都是由数学公式表示的，所以，学生读懂这些公式在学习过程中会有很大的帮助。在读数学公式时，重点在于：a. 公式中每个字符的含义；b. 逻辑上的联系；c. 公式的应用范围；

d. 数学公式的基本用法。

如第二，读出物理图像。物理图像在物理学中的应用非常广泛，一张图像所蕴含的物理学知识非常丰富，很多问题都可以用图像来解答，所以在物理学习过程中，物理图像的阅读也非常关键。对物理图像的解读应注意以下方面：a. 要弄清图像中的横轴与纵轴所表示的实体量；b. 依据物理学的基本原则来表示变量和因变量之间的关系；c. 从功能上对物理特性和法则进行解析；d. 根据实际的特点和法则，根据实际问题进行处理。

（3）通过课后复习，提高学生阅读能力

学生课外要进行复习，以便进行巩固。以往的课外复习多以习题集的方式进行，但事实上，课外复习的内容要比教师要求的多得多。

① 教师可以安排阅读式的课外复习，让学生将所学的物理知识进行归纳和总结，并画出本章或本课程的知识点。

② 开展读书辅导，以促使学生发散式思考。教师要通过查阅资料、思考和讨论等方法，使学生能够正确地回答问题；引导学生在读书中多拓展"触类旁通"的思维方式，多角度地思考，以求解惑，增强学生的发散性思维，并在思想上不断地深化学生所学的知识，使学生逐步形成系统化、规范化和层次化的思维过程。

（3）利用资讯扩展题目，培养学生对问题的解析与应用能力，使学生逐步由单纯的知识学习向知识的使用与解析转变。资讯扩展题提供的资讯通常是教科书上没有的，如最近的科技成果、联系生产与生活的现实等，并与相关资料相联系，让学生阅读、训练这种题，不但可以扩大学生的知识量，还可以开阔学生视野，使学生能够在解题时进行分析、判断、推理等心理活动，增强分析运用的技能。

（二）物理表达能力

1. 能力概述

物理语言是物理概念、物理规律、物理现象、物理过程等一系列物理问题，包括语言、文字、符号、图像等。在此，物理语言是一种具有明显特征的特定语言。物理的表现就是对特定的语言的了解和使用。在物理教学中，能够准确、自如地表达自己的物理概念，是一种很好的教学方法。言语和词汇是人的思考能力，如果不对其进行培养，不但会对人际交往产生不良的作用，还会对物理思维的发展产生一定的负面作用。

针对学生的物理语言表现，已有一些专家建议：

（1）严谨性。严谨意味着逻辑性和科学性。物理学的概念、规律、定理、法则本身就是非常严谨和科学的，教师讲解时要精确地阐述概念的含义和外延、规律条件与结论、法则内容与应用领域，以便学生在教学中正确地理解和把握这些内容。

（2）清晰性。清晰就是要用准确的词语，避免让人误会。

（3）通俗性。物理学的通俗性是为了使其与物理学中常用的术语和标志相一致。

（4）简明性。简明性是指在描述物理学问题时，要适恰、简洁，不能重复。

2. 能力培养

在学习物理的过程中，语言的运用是必不可少的，物理语言的运用不但是学习物理的基础，也是培养学生思维能力的先决条件。高中物理教学要注意提高学生的语言表达水平。不少高中物理学科的一线教师及有关专业人士就如何提高学生的物理表达能力发表了自己的看法。

（1）注重学生口头表达能力的培养。为了培养学生书面表达的基本技能，教师必须在教室里花45分钟的时间来培养他们的口语表达能力。在班级里，学生和教师在交流信息、提出建议、表达意见或一起努力解决一个问题时，都是最重要的学习方式，也是语言表达的重要手段。

（2）重视教学信息的反馈。要使学生的物理表达水平得到有效提升，就需要加强对教师的教学信息的反馈。教师的反馈分为两个部分：教室内的同步和延迟。课堂上的同步反馈体现在课堂提问和课堂解答中；课外作业的反馈属于延迟反馈，作业和试卷要按时批改，尽量缩短延迟，这能对物理教学起到很好的调节作用。

（3）充分发挥物理教学的潜在功能，指导学生阅读物理教材上的内容。如何简洁、精确地表述，物理教科书就是一个很好的例子。在课堂上，教师要引导学生正确地理解教材中的知识，让学生通过阅读，体会到教科书中优美的物理语言，展示物理现象，描述物理概念、物理定律。除此之外，物理教科书上还有大量的物理理论题，有对物理现象的举例，有对物理现象的解释，有对物理问题的提问，题目五花八门、应有尽有。教师应该注意的是，使学生能够理解和学习如何表达自己的物理思维，从而使他们的物理表达效果更好。

（4）激发学生物理写作的兴趣，提高学生物理书面表达能力。宁波市中兴高中的一位物理教师提出了这样的观点：物理是一种体现自然法则的学科，它被广泛地运用于日常生活和生产技术中，然而，在物理教学中，有意识或无意识地把物理与现实拉开了，让学生对物理失去了兴趣，也让他们与物理分离开来。以问题为导向的研究作文能很好地反映物理学的本质。

① 提问式作文。问题的产生往往是以现实的形式出现的，它的对象要通过物理学的知识转换为一个实体模型，而没有一个现成的解决方案，要从不同的视角去考虑和探究，而且答案的不确定性和条件的不确定性使问题具有实际性、开放性和趣味性。提问式作文可以让学生在学习物理的过程中感受到学习的意义，产生浓厚的学习兴趣，并能拓展他们的思维。对于作文的要求，可以根据题目的特点，长短不一，但要清晰地表述出来。

② 安排学后感、体会写作。

第一，理解和加深概念和规律。例如，学习了摩擦概念，撰写一部科学小说《如果没有摩擦》，不但能加深对概念和规律的理解，还能使自己的知识面更上一层楼。

第二，科学家对规则的探索。比如，在学习了引力原理之后，让学生阅读文章《牛顿在我身上找到了万有引力》等，在学习科学的科研方式的同时，也体会到科学家严谨、顽强、肯吃苦的工作态度。

第三，对知识进行类推和总结。例如，撰写《原子模式与太阳系统模式之对比》等，通过对比，不但加深了知识的关联性，更使学生了解到自然界的整体与协调。

第四，在实验与解决问题的方式上进行了革新，如撰写《牛顿定律的总体与孤立》《测量电阻的扩展》等。

第五，评价观点、问题、方法。评价问题解决方案是否合理，如评价伽利略在物理学发展中的位置及角色，以及对物理历史事实的评价、对一些意见的评价。

第六，本章总结与经验。在学习完一章之后，请学生总结一下这章的重点。例如，在学习了光的本质之后，让学生写一下人类如何理解光的本质等，以获得对原始的零星知识的总结与归纳。

第七，教师还可以印制教材或指定一种科学读本，供学生阅览，并撰写读后感和体会，以进一步拓展他们的知识。

③结合主题，进行富有成果的探究式的写作教学。

第一，开展探究式的物理学实验，如关于单摆循环方程中对摆角不超过5°的讨论、寻找对振动频率的影响因子的研究、对水流的电阻性测量等。

第二，采用问卷法进行问卷调查，如《从静电收尘到通用型吸尘器》《绝热材质的市场调研》等。

第三，让学生了解最新的技术，如《纳米材料的应用》《空间隔热技术》《阿尔法磁谱仪与宇宙探测》《车辆防闭器技术》等。

④加强解决问题的逻辑性和文本解释能力。

杨振宁在谈及高中物理的时候表示，目前的高中物理教学方法还需要修正，许多学生只会做一些简单的运算，而不会去思考解决问题的过程和方法。对物理学问题进行科学的探讨，应该从定性到半定量再到定量。在书写每个物理方程之前，应该仔细考虑一下，思考并说明为何要用这样的方式来解释，这样做是对物理学问题的一个合理而又高效的答案。在解决问题时，注重对问题的逻辑性和解释能力，既可以增强学生的分析问题和解决问题的能力，又可以使学生养成解决问题的好习惯。

（三）物理推理能力

1. 能力概述

在物理学习和物理教学中，经常要对特定的事物进行观察和分析，经过归纳、总结，最终得出一种一般规律或结论，或是根据一种普适的结论（物理概念、物理规律等）得出一种特别的结论，这种方法可以称为推论。

物理学的思维特点是通过对物理学的认识，对物理学的客观事实和客观条件进行理性推理和论证，进而得到正确的结论或做出合理的判断。其主要表现在归纳和演绎两个方面。

（1）归纳推理能力。归纳推理是从某些具体的结果中推导普遍法则的一种方式。归纳推理是一种成功地进行归纳和推理的个性心理过程，它一方面是由归纳而形成的一种心理调控机理，另一方面限制了归纳思维的速度和质量。在高中物理教学中，教师常常运用归纳、概括各种现象的共性，从而构成一种基本的观念，并运用归纳、总结等方式来构建物理学规律。

（2）演绎推理能力。

演绎推理是由普遍的结论引申出个别的结果。也就是说，从某些原则、定理、定律、公理或者是一个科学的观念中推导出一个新的结果。演绎推理的思考是在已有的普遍法则的基础上，经过对事物的解析和约束，再利用数学的方法来获得个别的法则。

在科学研究中，演绎推理是一种常用的必然性推理，它的假设和形式都是合理的，因此，推导出来的结论一定是可信的。演绎推理既能拓展和加深学生已有的科学认识，又能引申出一些科学假定，从而为科学的发展带来启发。演绎推理是一种具有鲜明性格特点的心理行为。

（3）归纳推理与演绎推理能力的特点。

① 将静态和动态相结合。学生的归纳推理与演绎推理是一种具有静态和动态有机结合的推理。从基本组成元素上讲，归纳推理和演绎推理是静止的，是物理知识、技能、策略内化为知识的一种认知架构。从推理的生成和

发展来讲，归纳推理和演绎推理具有动态的特点。一方面，物理的归纳推理与演绎推理以物理的知识作为媒介，在具体的教学中经过了大量实践，而在实践中，随着教学活动的日益丰富，教学的内容越来越多，学生的年龄也越来越大，他们的归纳推理与演绎推理的技能也越来越成熟。而归纳推理与演绎推理则可以帮助学生理解和掌握物理知识，加快理解和掌握的速度和质量，进而推动归纳推理与演绎推理的发展。

② 渐进的和持久的。培养学生的推理能力，不是一期一夕可以完成的，要循序渐进，不能操之过急，不能指望经过简单的练习，就可以大幅度地提升推理的水平。高中物理教学要有计划、经常性地运用归纳推理与演绎推理的方法来引导和培养学生在认识和实际操作过程中的逻辑推理能力。

③ 实践能力。归纳推理和演绎推理能力只能在实践中培养、在实践中提升、在实践中发展。实践活动是主体和客体的交叉点，也是客观活动和能动活动。没有了练习，就不会有心理的源泉，不会有思维的源泉。思维是在实践中产生和发展的，因此，在教学过程中，教师要注重对教学环节的指导，使其与现实相结合，强化学生对知识的总结和推理的思考，使其掌握归纳推理与演绎推理的技能，从而提高其推理能力。

2. 能力培养

（1）归纳推理能力的培养。

① 在物理观念的建构过程中，对归纳思维进行训练。在高中教学中，物理概念的教学是提高学生归纳推理能力的一种有效方法。由于这种认知的过程不仅要经过由感觉构成的感性认知，还要经过一个由比较、分析、判断和推理构成的逻辑思考阶段，在物理课上，如果能让学生掌握每一种物理观念的基本逻辑，并将其与学生的思维特点相联系，就可以使他们自觉地理解和了解物理的基本原理，并指明其具体的归纳方法。

② 通过对物理定律的研究，提高学生的综合思维能力。物理定律由许多实验结果总结而成，因此，归纳法必将是物理学的基础。物理定律包含定理、原理、公式和方程等。物理定律通常是基于对物理实验的观察，通过归

纳、推理、判断等思考方式得出的。掌握了一定的物理定律，可以提高学生的综合思维能力。

③运用例句法进行归纳式训练。物理学的解题就是运用物理学中的知识来求解特定的现实问题。然而，若由此断定仅以推理而非概括的方式解决问题，就不正确了。解题是一种物理教学的实践，所以在解决问题时，首先要从少量的特定问题入手，获得有关问题的相关知识，再经过总结，得到一系列相似问题的共同特征。总结能拓宽问题的范围，提高学生对问题的理解能力。对于一类问题，学生是无法解决的，但是通过对其进行总结，可以得到一类问题普遍遵守的规则。通过对单个问题的解决，可以得到一种具有规律的问题，并利用这种规律来解决同类问题。学生正是在这种辩证的活动中不断地充实和提升自身的能力的。

④加强对教学推理的研究。物理是一种以实验为主的学科，它具有独特的教育作用：它不但给了人们一个感官的资料，证明了物理规律，也给了人们一种科学的思维模式。所以，在高中教学中，物理实验是提高学生归纳思维的一种有效方法。

演示实验是由教师进行的一种教学示范，将所要探究的物理学问题向学生呈现，有的由学生担任辅导员或由教师带领，由学生在台上进行，其作用是向学生呈现所要探究的物理学问题，并引导他们进行观察和思考，同时结合授课进行探讨。在示范实验中，教师既要引导学生获取感觉素材，又要引导学生明确事物和现象的因果联系让学生明确怎样在示范中提出问题、运用什么样的归纳方法、怎样归纳、怎样总结等，让学生自由表达自己的观点，提升他们的思维能力。

小组实验是以小组为单位，在教师的引导下进行实验。这是一个由学生自己动手使用仪器、观察测量、获取数据，进行分析、归纳和总结的一个过程，对于提高学生的归纳和概括能力是非常关键的。在小组实验中，通常需要撰写实验报告，而训练学生的总结能力主要是引导他们对数据进行分析，并得出相应的结论。从定性因子分析中得出实验结果，从量化的资料中推导实验结果。有时候教师会指导学生一起对实验结果进行分析和总结，也可以让学生自己对结果进行分析，并对问题进行纠正。

（2）演绎推理能力的培养。

① 从物理的概念入手，发展演绎推理思维。在物理概念的教学中，学生通过物理概念建构和物理概念运用这两个阶段来进行学习。

物理学中的各种概念构成了一个系统，它们之间的关系是非常密切的。因而，把握新旧概念之间的逻辑关系，进行推理，是建构物理学的一种途径，特别是在高中物理教学中，更多地运用于物理概念的学习。

演绎推理通常用于构造物理学的推论，以物体或物体所在的特定的物理场景为基本条件，选取学生已经掌握的物理概念或定律作为基本条件，通过对其进行归纳和推导，得出新的物理概念。它可以分为两类：一类是以基本的概念为依据，通过演绎的方式推导新的概念，也就是从某些概念引申出另外一个概念；另一类是以一个物理学的基本原理为依据，通过推导得到更普遍的概念，也就是由规则推导出概念。

物理概念的应用不仅是理解物理学的基本理念，更是体现物理学知识理解程度和推理能力的一个重要指标。一旦有了一个基本的概念，就要适时地给予学生应用的时机，让学生把抽象的概念"返回"到一个特定的实体中，从而巩固、深化和激活这些概念。这个情形可以用来解释物理学中的一个问题。

② 在学习物理的过程中，对推理进行训练。

物理学中的某些物理定律是由已经知道的问题，通过推理等思维方式得到的，而物理学定律的运用，则以演绎为基本思路。物理学的学习是发展推理的一个主要途径。在物理学定律的教学中，通过物理学定律和应用物理学定律来训练学生的物理推理技能。

第一，通过构建物理学定律来训练学生的推理技能。一般的物理定律构建的一种方式，就是根据一个已经存在的问题，运用已有的定律推导出一个新的理论。这种推理方式是推论式的，可以很好地促进学生演绎推理能力的发展。

第二，运用物理学定律，发展推理的推论。教师要指导学生运用数学方法来解决问题，从而更好地了解和把握物理学的基本原理。对经典案例的分析，可以帮助学生加深对规则的认识，培养他们运用所掌握的理论知识解决问题的能力，也就是演绎推理。

求解问题的推导过程是这样的：

a. 仔细阅读题目，弄清楚题目中所描述的物理现象和物理问题，以及题目中所包含的那些已经知道的和不知道的情况。

b. 对题目中的物理现象和物理问题进行分析，并决定推理的数量。在反向思考中，首先要从需要得出的结论来做最终的三个阶段。从这些结果和一些已经知道的情况（只是一个很小的前提）来决定一个满足的物理定律或方程式的主要先决条件，找到缺失的那个（一个小小的前提），然后从这个问题得出一个结果，把已经知道的情况和结果联系起来。

c. 在解决问题时，首先要从已经知道的情况开始，按照相关的物理学定律，列举出相应的数学公式，并在需要时加以论证。

③ 在练习中对学生进行演绎推理的训练。

在物理练习中，学生要把所学到的物理知识的规律应用到实际中，所以练习是最好的训练手段，而解决问题通常采用的是演绎法。它的主要先决条件是关于物理学的概念法则，而次要条件则是关于问题的情况。这就需要在解决物理问题时，正确地把握物理概念，了解物理概念的应用，并仔细对问题的情况进行分析，建立正确清晰的物理形象。

（四）物理观察能力

1. 能力概述

物理观察是基于物理的认识，利用人体不同的感官感知物理现象、物理过程，并经过思维处理，对物理问题进行分析，从而使物理观察得以成功进行。

在高中物理课堂中，应该观察以下几个方面：①实验现象是高中物理课堂中最重要和最经常观察的内容；②实物、模型、图像等视觉表象是学生在教室里获得感性知识的主要源泉；③自然、环境、生活、生产等自然现象，这些既是对学生自由地、开放地学习的补充，又是与实践相结合的需要。

2. 能力培养

物理观察在物理教学中起着举足轻重的作用。观察既可以获得丰富的感性知识，又可以深化对现有知识的认识。善于观察的人可以在任何时候都找到新的问题和获得新的信息。由此可见，提高学生的观察能力是提高物理教学质量的重要因素。针对如何在高中物理教学中提高学生的观察力，很多高中物理教师及有关专业人士提出了自己的看法，下面就这些问题进行归纳和总结。

（1）激发学生观察物理现象的兴趣。物理学中的物理现象（实体模型）是物理学的来源，而在训练学生的观察力方面，物理范例和已编写的物理习题的作用却有很大差别。传统的习题常常与实物范式分离，致使学生被精练的模型所包围，从而无法体会到真实、鲜活的物理现象，从而导致习题课失去了物理知识来源，脱离了生活的现实，从而极大地限制了学生的观察力。因此，在物理课上，教师应注重引导学生对物理，尤其是物理实验的现象进行观察，培养学生对物理的观察力，并指导其对现实中的事例或与其有关的事物进行观察，通过观察来进行分析和反思，既可以培养他们的好奇心，又可以增强他们的观察力。

（2）为学生积极创造观察物理现象的机会。教师可以从五个层面让学生有更多的时间去理解和了解物理学。

① 对教师进行的示范实验进行观察。在教师的引导下，学生清楚地观察目标和对象，学会观察细微的实验现象，学会观察各种现象，以提高观察的水平。在课堂上，教师要善于运用演示实验来减少课堂的学习，使课堂上的各类物理现象及教学变得更加生动。物理示范实验是物理教学中的一个重要环节，它可以使学生在物理概念形成和理解物理规律之前，建立物理环境，从而提高参与物理教学的积极性。

②对自己进行的小组实验进行了观察。小组实验主要是通过观察现象、

测量数据和进行数据分析，从而实现对物理学定律和物理原理进行检验的。在小组实验中，教师要根据不同的教学内容，正确地进行教学，明确观察需要、注意观察要点，并提出相应的建议。

③ 增设实践训练或实践活动。为增加学生的实验时间，多做几个实验，使学生有更多的实践活动。

④ 开展实验、展示、实验室等活动。展示一些基础的实验设备、主要的示范和设备，让学生在课后展示自己的实验，做一些实际的操作和观察。

⑤ 安排课后的自然观察，即预习，或重复。让学生自己动手、仔细观察、记录细节，养成良好的记录和观察结果的习惯。

（3）向学生明确观察的各项要求。

① 在进行观察前，要清楚地了解观察对象和详细的观察方案。在教学过程中，要有一个清晰的观察目标，要注意观察对象，要有足够的深度和广度。观察目标任务越清晰，对感官的反应越完整越清晰，越能取得较好的观察结果。而观察者的预见性与系统化也是观察的一个关键因素。按照预先制定的详细规划来进行观察，就可以在没有疏忽的情况下进行。例如，在观察开始前，要让学生制订观察计划，包括观察目的、观察内容、观察步骤、观察方法等，并严格地按计划进行观察，形成观察的习惯。

② 要细心地进行观察。注意要集中注意力，不然就无法对现象有更深刻的理解，无法找到物理现象的实质，无法归纳出与之对应的物理学定律。

③ 要细心地做好观察的记录与归纳。观察的方法、仪器、现场情况、观察结果和新的现象，都要及时、精确地记录，在观察结束后，要进行一个小结，在小结的时候，要注意观察的目标任务是否完成。

（4）教会学生科学的观察方法。在物理教学和学习过程中，教师要注意培养学生的观察力，创造良好的学习环境，学会各种观察方法。

① 对比观察。对比是指通过在观看时辨别对象、识别对象之间的差异，进而推动思考。事物与事物之间、事物与现象之间始终存在着相互关联与差异，在进行教学时，应注重对物理现象的分析、对比，并在同类现象中寻找

差异，从各种现象中找到共性。

② 按次序观察。教师要让学生根据自己的学习规律，根据自己的喜好，由上到下、由里到外、由前到后、由左到右依次进行观看。

③ 综合观察。综合观察过程是从总体到局部，从局部到整体。也就是说，首先要有一个初步的、一般的、粗略的了解，然后把事物的不同部位分开，仔细地去看，才能准确地理解整个事物。

④ 集中观察。所谓集中观察，就是通过对事物的本质特征的观察，从而使人有选择地看。通过对所观察到的物体进行分析，并根据所要进行的观察，区分出所要观察到和不能观察到的物体。在观看物体时，指导学生按照观察目标，找出重点观察对象；通过对实验的观察，指导学生对关键、重要和难以观察的动作进行集中的观察；在观察物体及图形模式时，应指导学生注意能够反映物体的特性，并尽量避开不相干的现象。

⑤ 归纳和观察。在物理学的实验中，归纳的方法就是通过对各种现象的观察，首先得到一些结果，再总结出一些普遍的规则，这是一种从特殊到普遍的认知。

（5）培养学生良好的观察品质。在培养学生的观察力方面，还要注重学生素质的养成，而良好的观察素质也是提高物理教学质量的重要因素。

① 要使学生不畏挫折、锲而不舍。很多时候，在做实验的时候，是无法做到准确观察的。在实际中，因主观或客观因素而发生的意外事件，如阅读资料时因粗心导致产生不正确的结果等。此时教师要教导学生不要害怕，要从头开始，直到得到一个正确的结果。

② 培养学生实事求是、谦虚严谨的态度。在进行实验的时候要注意对事实的尊重，根据事实来获取真实和准确的信息。如果在进行实验时所观察到的现象与所期望的结果有偏差，要认真地对其运行进行细致的分析，以弄清仪器的使用状况，并对其进行判断，确定是不是由实验中的错误或由操作的失误而导致的，并设法减少错误，改正错误的行为。如果发现与实际情况不符，必须坚决纠正，从头再来，绝不能伪造实验现象和实验数据，并对现象

和数据进行仔细分析，得出正确的结果。

③ 在学习过程中，加强主动思考。在观察过程中，思考的参与，可以极大地改善观察的结果。所以，在观察过程中，要尽可能地打破传统的思维模式，给学生足够的思考时间，让他们敢于提问、善于反思、善于观察、敢于在实际的观察中大胆地探究，发现新的物理学和定律。

（五）物理实验能力

1. 能力概述

从广义的角度来讲，物理实验能力是一种通过物理实验理解、验证理论观点、物理实验获取知识的技能。它包括发现、选择和确定问题的能力、选择实验方法和制订实验计划的能力、选评实验设备和实验作业能力、实验观察能力、实验思考能力、数据采集能力、实验数据分析处理能力、发现实验规律能力、表达实验结果能力、解决问题的能力。

按照不同的能力水平，物理学实验技能应该分为三个层次（相对）：第一个层次为基础的实验技能，也就是能够熟练地进行普通的教学实验，包括实验准备能力，观察能力、操作能力、数据处理能力、图表绘制能力和报告写作能力。第二个层次是实验转移能力，也就是学生在具备了一定的实验技能后，能够更好地利用所学的物理实验知识进行某些物理实验。这一层次除了基础实验能力（一级）之外，还包含了实验设计、自制设备、故障排除、资源利用等方面的能力。第三个层次为实验科学能力，也就是指在科学研究中，以实验来实现科学研究目标。科学研究是一项非常繁杂的工作，它以发现新的知识为基础，所以它不仅涵盖了基础实验能力（一级）和实验转移能力（二级），还包括课题选择、数据检索、规律总结、实验推理、创新思维等。

根据学生能力的表现，可以将其分成两类：一类是外部性的，一类是内部性的。外部性实验能力是一种易于观察的显性行为能力，包含实验观察、实验操作、图表绘制、数据处理、报告写作、故障排除、自制器材、数据检索等。内部性实验能力是实验中不易观察到的隐性能力，包含实验准备、设计实验、选择课题、总结规律、实验推理、创新思维等。

2. 能力培养

物理学实验是中学物理教学的一个关键环节，所以许多教学和科研人员都在关注高中学生的物理实验教学。通过对国内外有关文献的分析，下面从基于课堂演示实验和基于课外拓展两方面进行归纳和总结。

（1）基于课堂实验能力的培养方法。

① 改进课堂演示实验。

第一，在教师层面，用"出声思维报告"的方式给学生示范一般的解决实验问题的策略。教师在进行课堂教学演示实验时，要将学生容易犯的错误和容易遇到的问题都尽可能地展示出来，并且将自己思考的过程通过言语的形式向学生表述出来，让他们能够直观地理解教师在遇到问题时的思维方式和思考过程，这就是所谓的"出声思维报告"方式。

第二，在教学方面，将一些示范实验转变为课堂教学，使学生有更多的实践经验。当演示实验所需的器材配备十分充足，且在生活中也较易取得的时，就可以把演示实验转变成学生的分组实验。

② 加强对学生的实验研究。

第一，训练学生基础工具的运用。

高中物理实验中常用的实验器材有弹簧秤、斜面板、小车、频闪照相设备、刻度尺、秒表、电流表、电压表、电阻箱、滑动变阻器、气体注射器、U形管、磁铁、原副线圈、静电起电器、阴极射线管、光栅……对于这些仪器，要求学生明白这些仪器的原理、构造、用途和维护方法，并能够准确熟练地使用，为培养学生的物理实验技能奠定坚实的基础。

第二，对学生进行实验所必须具备的技能的训练。

a.具备基本实验原理、实验设计及实验手段的应用能力。要求学生清楚地了解实验的目的和原理，并根据实验原理和要求来进行实验。

b.正确记录实验数据，并进行运算和分析，得出正确结论的能力。要求学生读取和记录数据时注意以下几个方面：读数记录要及时，记录数据要完整，数据单位要正确。

c. 了解错误的基本概念，了解错误的基本方法。在做完实验后，要求学生对错误的成因进行分析，其中，系统错误和意外错误是最重要的。为了使学生具备一定的实验技能，应使他们认识到降低错误的根源，并认识到降低错误的途径，也就是通过增大测试的次数来提高实验的可靠性。

d. 能撰写总体实验报告。完成实验后，学生必须按照自己的教学笔记和经验，完成一份完整的教学论文。教师要对实验报告的写作方式和形式进行严格规定，并在报告中对实验的成功和失误进行归纳，以便以后在做科学实验时能够把自己的实验结果记录下来。

（2）基于课外拓展的培养方法。通过教师的指导，在课堂之外进行各种实践，使学生可以充分地运用自己的想象力和创造力，有针对性、有计划地进行自己感兴趣的课题，而不会被教科书限制。学生在实践中从观察到的科学现象，探究到科学的法则，运用到现实的生活中去，从而实现对物理知识的自我建构。教师在课外拓展中提高学生的物理实验能力时要注意以下几点：

① 以课堂教学为基础，注重将课堂外和课堂上的知识拓展到课堂上的实践活动中。只有掌握了基本的知识，才能够进一步拓展知识。只有这样才能够起到帮助学生知识联系实际，在实践中锻炼实验技能的作用。

② 注重课本中的读物，在专题研究之前，要主动扩大课外的实验活动。教科书中包含大量与本领域相关的读物，其中有些与现实生活有关，这些都能够激发学生探究的积极性。如果教师能够适时加以引导，就能够起到促使学生积极开展研究的作用。

③ 强化与其他课程间的交叉连接。通过对数学、生物、化学、地理等学科的教学实践，使其能够更好地发挥实验教学的作用。

（六）物理建模能力

1. 能力概述

物理建模是以物理基本原理为基础，通过对物理问题的基本特性进行解析，从而构建出一套合理的物理模式，能够对物理问题进行模式化的识别与模拟，从而实现对物理问题的求解。

（1）物理模型。在物理学中突出事物的主要因素、忽略次要因素而建立起来的一种理想化模型，叫作物理模型。将它作为研究对象，可以简化对原有事物的研究。

（2）物理模型的分类。

① 一种物理模式。材料可以分成有形的材料和场的材料。物理材料的物理模式主要有质点、轻质弹簧、弹性球等，电磁场中的点电荷、平行板电容器、密绕螺线管等，理想的气体特性，薄透镜、均匀介质等。场的物理模式包括均匀电场、均匀磁场等。

② 一种形式的模式。物理情形在变化过程中往往在特定的时间、特定的位置、特定情境下，描述物理情形的物理参量之间遵循一种确定关系，我们把可以用若干参量描述的这种特定情形称为物理状态。物理状态一般有两种类型：一种是状态参量保持不变的稳定状态，如物体的受力平衡状态、研究理想气体时气体的平衡状态等；另一种是状态参量发生变化过程中某一特定的状态，如波的图像反映了波在传播过程某时刻介质中各质点的振动状态、绳系小球在竖直平面内运动到最高点的临界状态等。

③ 工艺模式。在质点运动方面，如匀速直线运动、匀速直线运动、匀速圆周运动、平抛运动、简谐运动等；等温、等压、等容、绝热等各种条件下的理想气体的变化；也存在着某些物理参数均匀改变的现象，如在均匀的强磁场中，磁性强度均匀降低、均匀增大等；不一致的改变，如一辆车的急刹车。……这些都是非常好的工艺模式。

（3）高中物理建模的方法。

① 相近类比法。充分了解题目的含义，并依据两个物体在某些领域的相似性，将其中一个物体的特性转移至另外一个物体，从而解决问题。

② 近似处理法。分析对事物性质、变化规律产生影响的各种因素，舍去次要因素，抓住问题的主要矛盾建立物理模型。

③ 描点观察法。选择恰当的坐标系，通过描点把一些简单函数的一般形

态与已知的若干图形的物理意义进行比较来解答问题。

④ 假设推理法。在事实的真相不明朗时，为了描述事物的本质，运用直觉思维和逻辑思维建立物理模型。

2. 能力培养

建立物理模型、识别物理模型和应用物理模型这三个阶段是相辅相成、相互渗透的，对学生物理建模能力的培养是必不可少的。在高中阶段，物理建模能力的训练主要体现在两方面：一是融合在物理概念、定理和定律等新知识点的学习中，二是在相应的习题训练中提高学生的建模能力。

（1）培养学生正确的思维方式。物理学的发展历史展示了思维能力在物理模型的建立和发展中起到的重大作用。不管是建立概念模式、发明物理学法则、创造和打破物理学基本原理，都需要思维的力量。思维能力高低的关键在于思维方式的正确与否。

① 在物理概念和规律的教学中培养学生正确的思维方式。首先要排除学生的思维障碍，引导学生转变思维方式。每一个新的物理概念和规律都有新的物理模型，它们的产生意味着物理发展史上思维方式的变化，而学生的思维方式未必能够适应这种变化，这就要求教师寻找各种方法打破学生的思维定式。其次要克服思维的意义障碍，培养创造性思维。任何一个概念和规律的发展，都是创造性思维的结果，都是思维方式的一次重大飞跃。

② 在物理练习中培养学生正确的思维。物理学问题把物理学的理论运用到实践中去，使学生能够正确地思考，提高学习能力。在开展习题教学的过程中，教师要以培养学生正确的思维方式、提高学生能力为目的，绝不能就题讲题，寻求答案，否则将失去习题教学的意义。习题教学要注重一题多模型、多题一模型等培养学生的分析综合思维。

（2）教会学生运用模型的方法。

① 在物理建模时，应让学生对问题进行深入分析，掌握问题的要害，排除小问题，强调主体，并抽取目标，构建合理的物理模式。

② 对物理学模式的认识，使其具有逻辑性。高中物理与初中物理相比，

在广度、深度、难度上都有很大的提升，要让学生更好地习惯语言的转变，就要引导他们把语言的描写转换成图像的描写，把图像的描写转变成数字的表达。

③ 对实体建模进行精化，是最常见、最重要的求解问题方法。在具体问题的求解过程中，要培养学生研究对象的自觉性，使学生从对象的条件、物理过程的特点等方面进行分析，从而提取出相应的物理模型。当前的高考试题，其核心问题是对所给出的现象进行合理的物理建模。

④ 引导学生将物理模型应用到现实的问题中。对于一些问题，教师可以把一个学生不熟悉的物理环境和一个熟知的物理模型进行对比，并对其进行深入分析，发现其共同点并进行类推。运用辩证的思想，对性质迥异的物理学问题进行了关联迁移，可以得到了一个可供选择的模型。

物理问题常常源于生活和生产实际，但又是对生活和生产实际的提炼和抽象，这种提炼和抽象又往往用数学的语言加以表达。因此，寻找生活的物理原型，通过适当处理形成物理的模型，再用数学的语言表达为数学的模型，就可以使学生将物理学习建立在个人的经验之上，从而建构具有生命活力的物理知识。由此可见，引导学生学会建立物理模型，是学生学会物理学习的一个重要途径。

第二章

高中物理教学设计

第一节　高中物理教学设计的前期分析

一、学习需要分析

教学的对象是学生，学生的众多因素是影响教学效果的重要变量。有效的教学设计首先要关注、了解教学的对象——学生，了解学生的学习需求、学习动机、认知规律、原有知识能力的准备状态等各方面的特征。所以，对学生进行有效的学习和研究是实现课堂教学的重要条件。加涅说："校舍、教学设备、教科书甚至老师都不是首要的，进行学习活动首先要有一个学习者，这就是我们思考问题的起点。"

现在越来越多的人将教学设计视为问题的解释，而要想找到问题的源头，就必须从问题本身入手。学习需求分析是指找出教学过程中存在的问题，从而制定教学目标、教学策略，选择教学媒体，进行教学评价。

（一）学习需要分析的含义

通常，需求是由实际和预期的差别造成的，是"是什么"与"应当怎样"的差别，也就是状况与预期的差别。在教学设计中，学生的学习需求是一个特殊的概念，它反映了学生当前的能力和预期的能力。也就是说，学生的学业表现和教学目标（规范）的差异。这种差异很大，包括知识、技能、态度和情感等方面。

所希望的条件是学生应该具有的知识、能力和素质。这是一种由社会发展向学校、班级、学生等方面需求的转化。而就学校的教学而言，这样的期待就是其课程的规范。现状是指学生所掌握的知识，以及他们所掌握的技能。而学生所希望实现的状态和现状的差异是学生知识能力的欠缺，这也是现实中的实际问题和亟待解决的问题。这种需求促使师生积极主动地去满足这种需求，以确定教学的任务和目标。

物理学习需求的分析应从物理知识、物理技能、物理方法、物理情感态度、物理价值取向等层面对物理学习的需求进行全面的研究；而理想的物理水准是指物理教学中对学生的要求，这是对物理教学的要求。

（二）学习需要的类型

伯顿和梅里尔将学习相关需要分成六大类别，以方便对学生的学习需求进行研究。

1. 标准的需要

所谓标准的需要是个人或团体在某个领域和已有的准则进行对比时所显现的差异，如电脑及英语水平测验、高考、会考等，也包括国家认可的各科的课程标准，等等。当一个对象的行为低于所建立的标准时，标准的需要就产生了。学生在学校的学习最基本的需要就是标准的需要。学生物理学习的需要中很重要的一个方面就是学习现状与课程标准中所规定的各项要求之间的差距。如何确定标准的需要呢？第一步，获取标准，如课程标准、考试大纲、标准分数线等；第二步，收集对象与标准相比较的资料和数据；第三步，根据比较后的差距确定标准的需要。

2. 比较的需要

比较的需要指的是同一群体或同一群体之间的对比，在学校中的对比是把一个班级和另一个班级相比较或者比较两个同等的班级来确定其相互间的差距。当不同集体（或个体）之间存在差距时，比较的需要就存在了。如何确定比较的需要呢？第一步，确定比较的领域，即比较什么，是学习成绩还是环境设施，是师资水平还是学习者素质；第二步，搜集对比研究的相关研究成果；第三步，分辨出双方的差别；第四步，对这些需要的重要性进行分析，从而决定这些需要能否得到满足。

例如，某班看到与自己相似的班级建立了科技兴趣小组，便感到自己班也"需要"建立科技兴趣小组，这就是比较的需求。

3. 感到的需要

感到的需要是个人所想的需要，即个人为了提高自身的行动或目标的行动而产生的需要和欲望。这个需要表明在行为或者技能水平与渴望达到的行为或技能水平之间的差距。这时，教学设计者还要明确与改进行为有关的需要和由于某种渴望而激发的需要之间的区别。例如，有的学生为了能将物理中的图画好，产生了学习简笔画的需要；有的学生认为自己的字写得不好，产生了练字的需要。确定感到的需要首先要收集资料和数据，更好的方法是通过访谈和调查来获得资料；接着，对此需要进行了分析，以确定其是否得到了满足。

4. 表达的需要

表达的需要可以理解为一个人在某种程度上将自己的感受需要表现为"需要"。例如，教师在上辅导课前收集学生的疑难问题，请学生把自己在本章物理学习中遇到的问题写出来，交给老师，以便教师确定本节课的教学目标，在辅导课上能更有针对性地教学。学生将疑难问题写下来，这就是一种表达的需要，它表明了学生在辅导课上的需要。确定表达需要也要收集资料和数据，可以采用不同的方式进行访谈、问卷调查、填写登记表等。通过对不同的学习过程和不同的学习行为表现进行分析，教师可以从不同的学习过程中得到不同的反馈，从而判断出学生的需要。教师也要做出价值评判，以满足这些需要。

5. 预期的需要

预期的需要是指未来的需要。一般来说，教学设计者通常考虑的是现实的需要，实际上考查学生将来的需要是教学设计的重要组成部分。例如，为了使学生更好地适应未来的社会，物理课程标准中规定要培养学生的表达与沟通能力、与人合作的能力等。培养学生的表达与沟通能力以及与人合作的能力就是学生的预期需要。教师可以对期望的需要进行分析，以访谈和调查表为主，并对一些可能的区域进行确认。例如，上述例子的预期需要就是根据潜在的领域中的需要确定的。

6. 关键性事件的需要

关键性事件的需要是一种必要的要求，这种要求很少见，但是当它出现时，会造成巨大的影响，如核事故、医疗事故、自然灾害等。获得这些需要的信息和数据，首先要对问题进行分析，然后从问题开始。

上述六种与教学相关的学习需要，其中心意义在于：需要是指"现状是"和"应当是"的差别。确定需要的程序是采取恰当、有效的方法，收集相关资料和数据，从比较分析中做出价值判断，以确定满足这种需要。因此，教师应该了解学习需要的各种类型。只有清楚了学习需要的各种类型，才便于对学习需要进行科学的分析。

关于学生的物理学习需要，现行的学校教育倡导以学生发展为本，满足学生的个性需要、关注学生的情感体验等理念。物理教师在进行教学设计时要考虑两个方面的需要，一是物理课程标准的需要，二是学生个体的需要。因此，物理教师在进行教学设计时除了要对课程标准的需要、预期的需要进行分析外，还应重视学生比较的需要和表达的需要等。

（三）学习需要分析的方法

学习需要是一种现状与目标之间的差距，分析学习需要就是一个对照目标找差距的过程。按照参考对象的差异，可以将学习需要分析的方法划分为三类：一是内部参照需要分析法，二是外部参照需要分析法，三是问题的性质分析法。

1. 内部参照需要分析法

内部参照需要分析法是通过对学生自身的组织结构和当前的学习状况进行对比，发现差异，从而决定学生的学习需要的。这种分析法比较适合我国现阶段的基础教育，学校的培养目标体现在课程标准和教材中，可以把课程标准作为对学生的期望。

对于学生的物理学习需要而言，期望的学习目标由物理课程标准所确定，因此，分析的重点就是学生目前的状态水平。可通过如下步骤进行：

一是要将学习者的期望目标具体化，也即将物理课程标准中的教学目标用可观察、可测量的行为术语描述出来，建立完善的评价体系；二是以测验试题、问卷、观察表等为依据，通过对试题、问卷、观察等的分析，从学生那里直接获得资料；三是依据评价指标系统，对近期成绩、合格记录等有关的资料进行分析；四是按照评价指标，组织相关的教师和人士参加讨论会或问卷，以掌握学生当前的学习情况。

应当指出，有关学生状况的资料还应当用学生的行动词汇加以说明，运用内部参照需要分析法分析学习需要一般局限于教育系统内部，即在某一特定教育系统所规定的教学目标之内考虑教学设计的问题，对于该目标的设定与社会实际需要是否相符却不够关心。为了使教学实践不脱离实际，必须将内部参照需要和外部参照需要相统一。

2. 外部参照需要分析法

外部参照需要分析法是指依据社会需要或专业需要来决定对学生的期望，并以此评价学生目前的学习状况，进而决定学生的学习需要。它揭示了学生当前的境遇和现实的需要，以当前和将来的发展需要为标准和价值标准，揭示教育教学中存在的问题，从而对教育教学目标进行修正。

根据社会需要，我们创立了外部参照需要分析法。首先要收集和确定与期望值有关的社会需要，然后进行跟踪访谈和问卷调查，以掌握社会需要和对学校的教育和教学工作的看法和建议。

3. 问题的性质分析法

上述两种方法可以反映学生目前的状况和预期的差异，并由此找出问题所在。所以，究竟是什么原因导致了这些问题？问题的本质是什么？在研究需要的过程中，为了确定问题的本质，要确定问题的解决方法是不是可以用教学的方法来进行。

在确定学习需要时，要以期望的具体形式所构建的一套衡量标准，将当前的成绩一一衡量，从而得到一套用行动词来形容的问题，然后进行反思、分析和评判问题的本质。

（1）解决问题的重要程度如何，即该问题是否值得通过教学设计来加以解决？

（2）是否可以采用其他一些方法（如改进教学方法、调整教学时间、采用其他教学材料），从而实现教学目的？

（3）学习者各方面是否有能力达到教学目标？学习环境是否需要改善？

（4）能否进一步激发和培养学习者的学习动机，使他们提高认识水平，从而达到教学目标的要求？

（5）教师要求学习者达到教学目标的要求，那么，学习者在学习时间、学习资源、基础知识、基本技能等方面是否存在困难？

二、物理学习内容分析

在对学生的学习需要进行分析后，我们对教师在课堂上应注意的问题进行了探讨，从而为今后的课堂教学做好了准备。对学生的知识、技能、态度进行分析和判断，从而使学生能够适应学习的需要，从而达到教育的目标。学生的学习内容与教师掌握教材、学生的学习水平、教学目标的选择、选择教学媒介的效果都有很大的关系。所以，对学生的学习进行科学的研究，是教师在课堂上进行的一项重要工作。

（一）物理学习内容分析的目的与意义

学习内容通常是学生在学习过程中所需要的知识、技能和行为准则的总称。研究目的在于明确研究对象的学习范围和深度，并指出各个环节的关系，以确保最佳的教学效果。

在物理教学的起始阶段，学生原有的知识和学习层次被称作起点能力，是教学规范中有关三个维度的指标所定义的终点能力。物理教学内容的解析是对知识、技能、态度以及它们之间的相互联系的一个具体的解析。

对教学内容的研究，其重要性如下：

（1）对学习的具体情况进行分析，可以为科学、准确地制定教学目标打下良好的理论基础。由于学习的内容是制定教学目标的基础，是从学习的过程中产生的，在对学习的内容进行错误的析时，会对课程的选择产生直接的影响。

（2）只有对所学的内容进行分析，方可界定所涉及的学习领域，即所要掌握的知识与技巧的广阔性。只有这样，才能确定学生所要掌握的知识层次和他们所掌握的技能的质量，也就是他们所掌握的学问的深度，并对"教什么""学什么"等问题进行阐述。

（3）对学习的内容进行分析，可以了解到学习的各个构成要素的相互联系，从而为制定教学次序打下坚实的依据。同时，在此基础上，提出"如何教""如何学"的原则，以确保教师在一定程度上实现教学目标。

（二）物理学习内容的结构分析

物理教学的内容具有某种结构系统，其水平也各有差异。对于教师或学生来说，他们所面对的首先是物理课程。物理课程又可分为若干个知识模块，如初中物理内容分为物质、运动与相互作用、能量三大主题，而"物质"这一主题中又包括"物质的形态和变化""物质的属性""物质的结构与物体的尺度""新材料及其应用"这四个二级主题，二级主题下又包括了若干内容要求、每个内容要求又对应教材中具体的教学内容。因此，在分析物理学习内容的结构时，教师首先要对物理课程标准与教材进行深入细致的分析。

1. 物理课程标准分析

物理课程标准是教材编写的直接依据，也是指导物理教学的纲领性文件。所以，在进行教学的过程中，教师必须认真阅读教材中的"课程规范"。比如，初中物理的教学大纲，首先要领会义务教育物理课程的四个性质、五个基本理念，理解三维目标的具体含义；在课程内容部分，理解科学探究既作为内容又作为教学方式的含义；从物理学科的角度理解课程内容中三个一级主题的含义，理解一级主题与二级主题之间的学科知识逻辑关系；理解二级主题下的具体内容要求。准确理解和掌握物理课程标准中的这些内容，对教师深入分析教材和理解教材，挖掘蕴含在教材中的各种价值要素，准确地把握教材内容，搞好教学设计具有直接的指导作用。

2. 物理教材分析

物理教材是一种具体的教学规范，它是教师和学生为达到教学目标所必需的基础和重要的教学资料。教师只有对物理教科书进行深度分析，才能把握教学内容（学习内容）的知识体系与结构，才可能弄清楚和挖掘出教材中所包含的思想、方法和能力要求。物理教材分析主要从如下两个方面进行：

（1）教材的整体分析。对物理教材进行整体分析，就是要从宏观上认识教材的知识结构和体系安排，明确教材内部各部分之间的逻辑关系，弄清知识的来龙去脉、主干与枝叶、核心与扩展，明确教材的重点、难点分布，明确教材如何按循序渐进的原则编排，教学内容如何展开。此外，分析教材也要关注教材的外延，尤其是教材的纵向和横向连接，如初高中教材的衔接，高中教材与大学教材的联系，物理学科与相关学科的联系，或者学习物理所需的其他学科必要的知识准备等。这样才能从总体上把握教材的知识结构、深度和广度，从而更好地使用教材。

对教材内容做整体分析的目的就是从整体上把握教材的基本内容和结构特点，把握教材中的物理学思想方法，并从分析过程中体会教材的风格特点、编写者的意图、教材的编写指导思想和原则，进而更加深刻地理解和把握教材。对教材的整体分析既可以是对一个学段、一个年级或一个学期的教材进行分析，也可以是对一套教材或者其中的一个系列、一个模块进行分析。从整体上分析教材，重点在于从比较宏观的方面和全局的观点了解教材的整体结构特点和基本内容，研究教材整体和与其相关方面的关联及相互影响。因此，不要过于纠结教材的细节和微观方面，不能只顾教材中的章节内容，更不能"就事论事"。

（2）教材的章节分析。对教材进行整体分析能够从宏观方面对其做出整体把握。教学中还必须从微观方面深入具体地了解和把握教材。这就要求教师在整体分析的基础上进一步对教材进行章节分析。章节分析的主要内容包括章节内容的背景分析、功能分析、结构分析与重、难点分析。

背景分析：主要是对知识产生、发展过程的分析，在社会生活、生产和科学技术方面与其他学科的关系。

功能分析：重点介绍该课程在高中物理课程中的地位和功能；在学生的科技素质教育中，应具备一定的作用和价值。

结构解析：知识与技能、过程与方法、情感态度与价值观念的构成及其相互联系与特征，确定教学重点、难点和教学目标。

重点、难点分析：重点知识是指那些主干的、基本的、关系全局的、有生命力的、应用广泛的知识，是既广泛又强有力的活用性知识。难点知识是指学生已经掌握的和新传授的知识不能很好地结合起来，而困难则是相对的，它涉及学生、教材和教师三方面因素。关键知识未必就是难点，难点未必就是关键，因为它们的判断根据不同，在对待上也会有差异。课堂教学活动一方面是围绕教学的三维目标展开的，另一方面是以重点内容为中心展开的，同时在教学过程中分散教学的难点。

（三）物理学习内容的类型分析

物理概念、规律、实验等内容具有不同的特点，根据它们的不同特点可以将其划分为不同的类型。这些不同的学习内容对学生的学习能力要求和对教师的执教能力要求都有很大的差异。因此，教师在进行教学设计时，有必要对物理学习内容进行分类，以把握各种不同类型的学习内容之间的差别。在对学习内容分类的理论中，加涅的有关学习结果的分类系统与信息加工心理学的广义的知识分类理论具有较高的指导价值。

1.学习结果分类理论

加涅相信，根据预期的教学目标，合理地组织教师的活动是进行教学活动的最好方法。所谓的教育目其实就是将"学"的成果归类，就是按照"学"后所得到的不同的技能进行归类。所以，教师在教学之前，一定要弄清楚学生应该掌握什么技能。加涅把学习成果分为五大类：言语信息类、智力类、策略类、行为类、态度类。

（1）语言资料。言语信息是指在学习之后，学生可以记住一些特定的事情，如名称、符号、地点、时间、定义、对事物的说明，如果有必要，就可以把它们表达清楚。所谓言语，就是表达的方法。加涅所谓的言语信息，其实就是所谓的知识或者书籍。教师判断学生的知识是不是从课堂上得到的，关键看他们有没有将所得到的知识表达清楚。如果学生能将物理概念复述出来，就说明他掌握了这方面的言语信息。加涅将所获得的言语信息区分为事实、名称、原则和概括。学生学习或保持大量的言语信息知识，有助于智慧技能、认知策略的学习。

（2）智慧技能。智慧技能是指通过使用概念和语言表达与周围的事物进行交互的能力，是学校教育中最基本、最普遍的教育内容，包括最基本的语言技能和高级的专业技能。智慧技能学习与言语信息学习不同，言语信息关注知道某些事情或某些特征，智慧技能关注学会如何做某些事情。言语信息涉及了解"什么"，而智慧技能则涉及了解"怎样"。例如，学生懂得了密度，并能用语言表述，这就是言语信息的学习结果；而能够运用密度知识解决生活中的实际问题，则是智慧技能学习结果。

智慧技能由低到高分为四个层次。

① 鉴别：指区分某一事物的特性，或区分不同的标志，包括视觉、听觉、嗅觉、触觉、味觉等，如能分辨出凸透镜和凹透镜，能分辨出G和N是重力和弹性的代码。认识能力是观念形成的前提，认识到了不同的特性，就可以认识到共同的东西，从而可以归纳和总结出不同的概念。

② 概念：指在一连串的事件或现象中发现相同的特性，并给予相同的名字。例如，对"推""拉""提"等各种力量的现象进行分析和抽象化，从而提出了"力即事物的相互影响"这一观点。而概念可以分成具体的和抽象的两类。具体的概念是指像弹簧秤、天平、照相机等特定的东西。抽象的概念是物体的不同性质，如物质、质量、浮力等。

③ 法则：一种语言表达，它能显示两个以上的概念的联系。法则可能是定律、原则、确定的步骤等。学生掌握了一定的规律，就能够按照这个规律去实践。例如动能表达式$P=1/2mv^2$，由动能、质量与速度三个概念组成，如

果学生能用这个公式计算物体的动能，就说明学生已经学会了动能的表达式这一规则。使用规则是一种习得能力，它使学生有可能用符号来处理问题。规则的学习是以概念学习为基础的。

④ 高级规则（问题解决）：把一些简单的规则组合为复杂、高级的规则，它是学生在问题求解中思考的结果。加涅曾说过："学生在尝试求解某一问题时，会将两种以上的法则组合起来，形成一种可以求解某一问题的高层次法则。"例如，牛顿第二定律是一条规则，运动学公式组是另一些规则，如果学生能将二者结合起来解决问题，就说明学生已经掌握了用牛顿运动定律解决问题的高级法则。

（3）认知策略。认知策略是指学生通过自身的学习、记忆和思考来调整自身内在的活动。认知策略是个人对自身的认知活动进行调控的特定技能。认知策略与智慧技能有着根本的不同。智慧技能是面向"外部"的，它可以让学生掌握数字、文字和符号的"外部"；而"内部"的是认知策略，能够使学生在处理"外部"事件时控制自己的"内部"行为，是学生管理或操作自己学习过程的方式，如在解决问题时要注意哪些特征，如何编码以便于提取，问题如何解决，怎样才有利于迁移，等等。例如，学生在解答习题时先要读题，找出关键字，理解题意，分析出已知量与待求量。这个过程就是运用注意与回忆对题目的信息进行识别、编码与思维加工的过程。认知策略是学生学会学习的核心成分。

加涅指出，学生对问题的解题能力不仅依赖于其对相关知识的理解，也依赖于其对思考的控制。不同的学生对不同的认知策略的选用有不同的特点，即使所有学生都掌握了同样程度的智慧技能，但由于有些学生采用的认知策略比较合适，表现出的问题解决能力就强一些，反之就弱一些。智慧技能与认知策略是同一学习内容的两个方面，学习智能能力的过程也会对学习、记忆和思考产生影响。因而，不能将认知策略与特定的内容分离开来。

我们对上述三种类型的认知学习进行了研究，结果表明：基于感官知觉的知识，在记忆的作用下，能够得到更多的语言知识，这是一种相对容易的认知行为；以感觉为思考为依据，获取概念、规则和高级规则，并应用于实践，以解决现实问题，属于较为复杂的认识；在学习过程中，学生要学会如何学习、如何思考，这是更深层次的学习，也是培养学生创新精神的关键所在。

（4）动作技能。动作技能是一种习得的能力，其行为结果表现为身体运动的迅速、精确、力量、连贯等。动作技能包含认知成分，故又称心理动作技能，它表明动作技能受内部心理过程的控制。例如，学生学习使用电流表，除了学习操作技能外，还必须知道电流表的量程与选择量程的规则、刻度以及如何读数等知识。没有这些智慧技能，就不能正确地使用电流表。

当学生在一定的时间内精确地完成规定的连贯动作时，才能认为他已获得这种动作技能。因此，教学设计要把一个整体的动作分解成一组从属动作，先使学生学习某一从属动作，再把从属动作连贯起来学习。同时，还要说明学习这些动作所需掌握的相应知识，包括动作技能的性质、功能、动作难度、要领、注意事项等具体问题。

（5）态度。态度是一种影响和调节个体行为的内部状态，也是一类学习结果，一般把它归为情感领域。当教学目标要求学生形成先前未有的态度，或改变现存的积极的或消极的态度时，学生就需要进行某种态度的学习任务。态度包括认知成分（对人、事、活动的认识）、情感成分（对人、事、活动的好恶）、行为倾向成分（选择行动的可能性）。因此，要使学生形成或改变某种态度，应该从上述三个方面入手。

教师在进行教学设计时，一般从两方面进行学生态度学习内容的分析：当学生表现出教学目标所要求的态度时，应能做什么？为什么要培养学生这种态度？前者实质上是对智慧技能或动作技能学习内容的分析。后者则是要求学生了解培养某种态度的意义。例如，物理教学应使学生形成实事求是的科学态度，那么，在进行实验时就要求他们尊重事实，不随意改动数据，不弄虚作假，客观记录实验现象等。只有做到这些，形成实事求是的科学态度才能落到实处。此外，还要让学生学习如何观察、如何记录实验数据的相关知识；同时，要让学生了解具有实事求是的科学态度对他们将来的学习、生活、事业以及人生发展的重要意义。

2. 信息加工心理学的广义知识分类理论

加涅认为，人类后天习得的能力，即加涅学习结果分类中的言语信息、智慧技能和认知策略以及动作技能都可以用习得的知识来解释。这里的知识是广义的，不仅能从一个人回答"是什么"的问题推论出他已有知识，而且能从他"会做什么"来推论他的知识的存在。根据某人会说什么推知其所具有的知识叫作陈述性知识，即可以用言语表达的知识。根据某人"会做什么"推知其所具有的知识，叫作程序性知识。程序性知识还可以分为两类：一类是对外办事的；另一类是对内调控的，叫作策略性知识。

三、物理学习者分析

学生的发展水平是教学的出发点，因此在开始教学之前就要确定这个出发点。在教学设计的前期分析中，除了对学生的学习需要、学习内容进行分析外，还要通过全面、细致地研究，掌握学生的总体特征、学习风格、准备状态，为选择和组织学习内容、确定教学目标、安排教学活动、实施教学策略等做准备，提高教学的针对性和前瞻性。在教学设计的早期阶段，学生的分析非常关键。

（一）学习者一般特征分析

学生的总体特征是对学习有影响的心理、生理和社会的特征，主要表现为年龄、性别、年级、认知成熟、智能、学习动机、学习期望、生活经历、经济文化和社会背景等。这些因素与特定课程没有任何关系，但是却影响着教学设计人员选择和组织的选择，影响着教学方法、媒介和组织方式的选择和使用。美国知名的教育工作者海涅克于1989年提出，对学生的总体特征进行简单的研究，可以为教师的教学和媒介的选用提供参考。

1. 学习者认知发展特点分析

（1）皮亚杰关于发展过程的认识。学生的认识发展特征是学生在不同时期接受和处理问题的过程和现象。在关于学习者认知发展的研究中，皮亚杰的认知发展阶段理论最有影响，对教学设计中了解学习者一般特征具有重要的指导意义。皮亚杰把儿童的认知发展分为四个阶段：感知运动阶段、前操作阶段、具体操作阶段、形态操作阶段。

① 感知运动阶段（0~2岁）。这一时期，幼儿的认知结构以感觉活动模式为主，借助图式可以协调感知输入和动作反应，从而依靠动作去适应环境。这一阶段，幼儿从一个仅仅具有反射行为的个体逐渐发展成为对其日常生活环境有初步了解的问题解决者。

② 前操作阶段（2~7岁）。幼儿把感觉行为内化于外在表现，并确立象征作用，通过心理象征（以形象为主）进行思考，进而实现思维的飞跃。但他们只能进行直觉思维和半逻辑思维，无法改变思维的方向，不能从正面和反面去思考，不能从原因看结果、从结果看原因。面对问题情境时，他们只会从自己的观点着眼，不会考虑他人的看法。

③ 计算阶段（6~12岁）。这一时期，儿童的认知模式从之前操作的表现模式演变到操作模式。特殊操作的思想特征表现为守恒性、自我中心性、可逆性。皮亚杰指出，这一阶段的心智运作以抽象的概念为主，是一种可计算（逻辑学）的行为，而思考则要有特定的内容来支撑。要想得到答案，必须有实践的经验，有特定的意象作为支撑。

④ 形态操作阶段（12岁以上）。此阶段，儿童的思考能力达到了一个逻辑性的程度。其思维具有以下特征：一是可以进行假定推理思考，既可以对实际情况进行逻辑性思考，又可以根据各种可能情况进行思考；二是可以进行抽象思维，即可以运用符号进行思维；三是可以进行系统思维，即在解决问题时，能够在心理上从若干个角度思维，能用逻辑推理、归纳或演绎的方式解决问题，能理解符号的意义、隐喻、直喻，能做一定的概括，思维水平接近成人。

皮亚杰关于儿童的认识发展的学说在教学设计中起着举足轻重的作用。在儿童的认识过程中，最大的改变是由特定的认识转变为抽象的认识。在教学设计中，要以具体的东西来理解和把握抽象的东西，使学生逐步向抽象的逻辑思维转变。

（2）高中生智能发展的一般特征。学生的总体特点是多种多样的，这里仅就高中阶段智力发展的总体特点进行简要的阐述。

高中生的基本特征是：思维发展速度很快，逻辑推理思维占有很大的比重。这种思维的特质是智能和技能发展的总体特征，具体体现在五个层面：

① 思维可以用假定进行。通过运用一套抽象的逻辑性思考方法，达到提出问题、明确问题、提出假设、检验假设的目的。

② 思维是有计划的。在完成一项繁复的任务前，学生必须具备制定规划、计划及战略的技能。

③ 思维的形式性。思维要素逐渐向形态操作的方向发展。

④ 在思维过程中，有显著的自觉性和监督作用，反省和监控的思维特征日益突出。通常来说，高中生可以感知和掌握他们的思维活动，从而让他们的思维变得更清晰，做出更准确的判断。

⑤ 思维可以从陈规中解放出来。从这时开始，创新思想得到了快速发展，并逐渐形成了高中时期的思维特征：学生的思维求创新、独特性，注重个体化、系统化。

虽然现在中学生的逻辑推理能力很强，可是对于初中生和高中生来说，他们的逻辑推理能力却不一样。初学生的逻辑推理主要是以体验为基础的，他们的逻辑思维要靠直观的感觉体验来进行；但是，高中生却是有着比较强的逻辑，他们可以根据自己的逻辑来进行分析和整理，拓宽自己的知识面。

2. 学习者学习风格分析

学习风格就是个人喜好、掌握信息和处理信息的方法。每个学生在接收、处理和回馈信息时都有自己的方式，并做出相应的反应，也就是说，每个学习者都有自己的特点。要理解学生的学习方式，首先要找到学生的学习方式，组织教学内容，运用教学方法，以及选用教学媒体，从而根据学生的学习方式创造出符合自己的教学方式。学习方式包括学习条件、认知方式、个性因素和生理学特征等。

（1）教学环境。教学环境是一系列内部和外部的因素，它们对注意力和接收、记忆信息的能力具有一定的作用。了解学生对教学环境的需要，可以帮助教师合理选择教学媒介、教学活动和教学结构，感知学生的感官司通路、情感需求、社交需求、环境需求等。

① 感受或接受一种感官通路。感受或接受一种感官通路是指在学习过程中，对视觉、听觉、动觉等多种感官通道的偏好。倾向于使用视觉通路的人习惯于使用视觉来感受或接受刺激，他们会从课本中汲取信息，甚至在聆听老师的纯语言授课的时候也想要在同一时间观看图像和其他可视资料。倾向于使用听觉的学生，对语言、音响的接受、了解都要好一些，因此，他们更倾向于学习别人的故事，而不是靠自己去学习。而倾向于使用动觉的学生更愿意亲身参加到研究，并且对自己的实践活动产生浓厚的兴趣。另一部分学生则倾向于使用两种或更多种感官通路的组合，如他们都既爱看又爱听，而让这些学生通过视听媒介来进行学习，那么他们的学习效率会更高。

② 情感需求。有些学生在学业上尤其渴望获得老师或父母的鼓励和慰藉，而有些学生对此需求较少，能够主动地调动起自身的积极性，并坚持自己努力，有些学生甚至表现出强烈的责任感。

③ 社交需求。有些学生尤其喜欢和同班同学共同完成家庭作业，有些则喜欢在做功课或温习时和同学进行探讨。

④ 环境需求。环境需求包含了学生的真实需求和感受到的需求。比如在做功课或者温习的过程中，要求一个完全安静的地方；阅读时爱吃点心；背单词时，习惯性地前后移动；读书时，总爱把一束光留给自己；在一定的时间内，会觉得自己的学习效果很好。

（2）思维模式。学生在感知、记忆和思维上的偏好体现了在信息整理和处理上的个体差别，体现了知觉、记忆、思维和解决问题的特点。当前，有两种认知类型对教学设计有一定的作用：场独立性与依存性、沉思和冲动。

① 场的独立性与依存性。拥有场独立性学生，其资讯认知的能力不易受

到外界的干扰；自主能力更强，能够依靠自己的内心动力去学，而不用依靠教师的激励和同学的赞扬。他们喜欢自主研究和反思，能够发现问题，能够将老师所传授的或者从课本中学到的知识转化为自己的知识。教师要给这样的学生一些简单的引导。这样的学生擅长学习自然科学，如数学、物理和计算机。

具有场依存性的学生很难对外界的资讯进行主动处理，甚至在处理时也会参考周围的环境。他们乐于与他人沟通，尤其是教师将课堂教学安排有序时。他们对语言、社会等方面的知识更感兴趣，因此学习起来也更容易。这样的学生很容易被他人的建议、父母或老师的鼓励所激励，从而大大提高了他们的求知积极性，反之，稍微被批评一下，就会显著降低学习积极性。在这种情况下，教师要时常给他们指出正确之处，并给予他们适当的激励，以此来激发他们的学习热情。

② 沉思和冲动。沉思者的感知与思维模式具有自省的特点，他们具有较强的逻辑推理能力和判断能力；冲动的学生在感知与思维上表现出较大的冲动倾向，并具有较强的直觉能力。这两类学生的学业有不同之处。

沉思的学生在遇到问题的时候往往比较谨慎，不会急着去解答，而是会在仔细地考虑自己的问题是否正确，确定自己没有问题的时候，再去解答，这样就不会犯错误了，但需要花更多的时间去考虑。这样的学生擅长处理如阅读理解、逻辑推理、小发明、小制作等问题，但是他们的反应比较迟缓。他们乐于在一个协作的氛围中进行研究，而在他们的研究中，意愿比情绪更重要。

冲动的学生，他们给出的答案并没有充分的依据，他们只是根据外界的蛛丝马迹，根据自己的感觉来做出判断，有的时候，他们甚至还没有听到询问，就已经开始了解答，因此，虽然用的时间更短，但是错误的概率也更大。这样的学生在完成一个全面的解题后，他们的表现会更好。他们乐于在充满竞争的环境中进行研究，而情绪的参与往往会大大地提高他们的学业成绩。然而，他们的读书水平普遍较低，学业表现也不尽如人意。但是，在问题的处理上，冲动的人未必不如沉思的人。

任何一类认识方法都是两面的，而在同一时间内，每个学生都会有许多不同的认识模式，并且会趋向于某种特定的认识模式。在教学中，学生把不同的认识方法结合在一起，并加以应用。在认知风格方面，学生的偏爱没有优劣之别，但却各有差别。由于不同的学习行为要求的心理活动是不一样的，我们不能说一个人的学习成绩就一定比另外一学生的高。

研究方式自身并无好坏之别，每个人的学习方式都是独一无二的。在教学中，教师要正确运用教学方法，科学地选择教学媒介，营造良好的教学氛围。

（二）学习者起点能力分析

在新的学习过程中，学习习惯、学习方法、知识和技能是学习成功与否的关键因素。知名的心理学家奥苏伯尔说："如果要我将所有的心理学都归纳成一条原则，一句话，对学习产生最大的作用，就是学生所掌握的知识。为了弄清这个问题，我们应该采取相应的措施。"他相信，学习就是将新的认识与现有的知识相结合，并将其融入已经存在的认知。加涅也同意，在教授新的知识时，首先要激活学生脑海中相关的现有的信息。教师要按照学生原来的预备状况来进行教学设计，这样可以使课堂上的学习效率得到很好的提升。

起始能力是指在学习一门课程前，所学到的关于该科目的相关知识、技能、认知与态度的总称。我们对学生对起始能力的理解和对其学习的内容进行了研究发现，若忽视对学生起始能力进行分析，则无法掌握学生的具体情况。如果教师的起点比学生的起始能力水平高，则会使他们在学习过程中产生学习上的困难，这是因为他们所掌握的知识和技能与新知识之间存在着巨大的差异；如果教师的起点比学生的起始能力水平低，则会造成教学的重复性，不仅耗费了大量时间和精力，而且会使学生产生反感。学生在确认了自己的初始能力之后，可以根据自己的经验，对自己所学到的知识进行适当的修改，将还没有学到的知识和不会的知识，以及一些自己会的知识进行整合。因此，我们对高中生初始能力与学习内容进行了研究，对学生的预备技能和目标技能进行了初步分析。预测是理解学生起始能力的一种主要方法。

1.学生的预备技能分析

预备技能的研究主要从知识、技能和态度三个层面来考查学生的知识和技能。

（1）学生知识起点分析。分析认知类学习内容的方法主要是图解分析法。在物理学中，比较常用的图解分析法是画概念图。分析学生知识的起点也可以用概念图的方法进行。在进行新课教学前，可以让学生把已学习过的与新学习内容有关的所有知识的关系用概念图的形式表示出来。由于学生掌握的知识水平不同，他们所绘的概念图也不同。通过对概念图表的错误进行分析，可以判定学生对知识的理解程度，进而决定教师的教学起点。教师也可以在课前让学生填写概念图，从填写情况判断学生掌握知识的情况，从而确定教学的起点。

（2）学生技能起点分析。技能起点的分析通常用层级分析法与信息加工分析法。同样，学生技能起点的分析也可以用上述两种方法。以目标技能为起点，将所有的辅助知识和技能一层一层解析，直至确定学生是否已经学会了这个从属技能。教师可以借考试来确定学生是否掌握了最基本的技能，以此来判定其技能的起点及教学的起点。

（3）对学生学习态度进行探讨。在教学内容上，学生的学习态度直接关系到教学内容的选择、教学起点的确定、教学策略的选择以及教学行为的选择。学生的学习态度是指学生对所学知识的兴趣、对所学知识有无偏见或误解、有无恐惧心理等。因此，如何培养学生的正确态度也是教学内容的一部分。教学内容的处理、教学方法的选用以及教学环境的营造都要充分重视对学生学习态度的影响。对于起点态度的判断，最常用的是态度量表，还可以通过观察、谈话等方式来进行。

2. 目标技能分析

在选择教学的出发点时，除了要了解学生的基本能力外，还应注意到他们的目标技能，也就是他们有没有完全掌握教学目标所需的知识和技巧，以及对所要学的学科有一定的认识。教学设计强调对教学效果的评定以预先确定的学习目标为依据，因此，教师可以用达标测验题对学生进行预测，以了解学生对目标技能的掌握情况。关于评价的相关内容，在后面的章节将做详细的阐述。

（三）确定起始能力的方法

1. 预备技能分析方法

预备技能分析最常用的是对学生的起始能力进行预测。为确定学生是否已具备进行新的学习所需的基本能力，可以在学习内容解析图中设置一个起始点，将起始阶段的基础知识和技巧当作基础，再根据这些基础知识和技巧，编制考试试卷，检验学生对起始能力的掌握程度。

2. 目标技能分析方法

在对高中生的起始能力进行研究时，可以选择通识或通识与预测相结合。

通识指的是教师在上课前，对学生以往的知识进行分析，查阅考试成绩，或与学生、班主任及其他教师交流，从而获取学生对基础知识和目标能力的掌握。

预测是以对基本知识的基本理解为依据，编写专项试题，对学生的预备技能和目标技能进行评估。与一般知识相比较，该研究具有更客观和更精确的优势。

进行预测的步骤为：准备试题、实施前期考试、对考试的结果进行分析。

（1）准备试题。考试题目由预备能力测验和目标测验两大类组成。其写作方式为：假设一个教学出发点，将基础上的知识与技巧编入考试题。

（2）实施前期考试。考试中若有一个关于考试对象的技巧问题，那么考生就可以通过试题来知道自己要学什么，等于把自己的目的说出来，这样更能激发学生的兴趣。在考试前，教师应该把考试目标解释清楚，尽量降低考试成绩对某些学生产生负面的作用。

（3）对考试的结果进行分析。一般情况下，学生的考试成绩较好，则表明教学的起点较低；学生考试成绩不佳，则说明教学起点较高。教师应依据分析的结论，对本课程的教学进行适当的调整。在前者的基础上，教师在适当地提升点教学起点后，应进行一个新的预测，从而获得一个精确的教学出发点；而后者，要根据试题所体现的问题，适当地降低教学起点，从试题中发现要弥补的预备技能，以确保教学的出发点是学生的起始能力。

3.学习态度分析方法

学习态度分析方法有问卷法、访谈法、面试法、观察法、谈话法等。其中，谈话法通过与学生、班主任和其他教师的交流来了解学生对学习的态度。观察法主要是从语言和行为的角度，观察学生的学习态度。

在实践中，学生的预备技能、目标技能和学习态度的分析往往会在课堂教学中同时进行。

第二节　高中物理教学目标设计

一、高中物理课程三维目标

高中物理教学大纲强调知识与技能、过程与方法、情感态度与价值观三大要素，是对知识与技能、过程与方法、情感态度与价值观的综合运用。在高中阶段，物理的基础知识是主要内容，而基础的概念则是对物理的认识和理解。有关的实验让学生在实验室里快速地穿梭于神奇的物理学要素之间。总之，在物理教学中，对学生进行知识和技巧的培养是最基本的。从这个层面讲，教师的作用十分关键。教师要采取科学、合理的教学方法来教授学生知识和技巧。在此期间，每个环节都是对学生经验的累积，为学生累积知识和技巧奠定了坚实的基础。因此我们发现，教师要传授的知识与技巧息息相关，彼此依存。物理是基本的学科，不像人文主义，需要对情绪的强烈反应。在物理教学过程中，教师要让学生科学、理性地思考并进行训练。这种对科学和物质的信仰，在物理学的各个领域都有清晰的体现，如物质的基础法则。在高中物理教学中，教师要培养学生正确的科学观念，帮助学生树立正确的价值观念，这有利于指导教师进行正确的教学。

二、高中物理教学目标设计原则

（一）全面性原则

全面的原则包含三个层面：首先，教学的对象是所有学生。在教学中，每一个学生都是独一无二的，因此教师要注意到每一个学生的学习情况，以实现所有学生的全面发展。第二，教学目标在很大程度上影响着学生的发展。设置教学目标要真正、高效地让学生了解、适应他们的需要，提升教学效果。第三，要把教育目标的所有层面都纳入其中。根据新的课程标准，高中物理课程目标划分为过程与方法、知识与技能、情感态度与价值观三大要素，三者之间存在着密切的联系，教师要对其进行深入研究。

（二）系统性原则

高中物理课程的教学目标是构建一个整体的课程体系，从某种意义上讲，就是要有一个系统化的过程。高中物理的课程目标不仅是单一的课时，而且应该成为高中物理教学内容的总目标，更要对这些目标进行细化，从而构成一个完整的体系。由于不同的学生具有不同的特点，在不同的课程体系中，教师要针对不同的学生进行不同的教学，并结合不同的课程，掌握不同的课程目标，从而达到提升教学效果的目的。

（三）操作性原则

高中物理教学目标是适应学生的发展，从而在课堂上进行有效的教学。在教室里，学生的学习时间很少，教师的目标也不一定都很全面，但教学目标也要跟课程的发展速度保持一致，根据学生的实际情况，进行适当的调整，从而达到更好的效果。

（四）具体性原则

具体性原则就是高中物理教师在制定课程的教学目标时，要有明确的针对性和具体的课程安排。在课堂上，教师要根据课程的具体内容，对学生所学的知识、学习能力进行具体分析，从而实现对课堂的实际操作。按照特定的原则进行目标教育，可以促进教学目标的达成，而教学目标的落实又是学生学习成效的具体表现。例如，高中物理教师在实施实验教学时，必须重视学生的实践能力和培养的需要，运用清晰的文字来表述。如果教师对学生的学习对象进行了详细的描写，就能使学生更好地掌握教学目标，从而达到更好的学习效果。高中物理教师在制定教学目标时不能用特定的课程内容来替代，这是由于教材的内容标准是无法替代的，二者之间没有必然的联系。因此，在教学过程中，教师要按照学生的实际情况来制定教学目标，并将其细化到各个环节，从而确保教学目标的达成，继而提高教学水平。

（五）层次性原则

由于课堂上存在着许多不稳定的情况，因此，制定的课程内容并不一定能够覆盖所有学生。在进行物理教学之前，教师必须对课本中的主要知识和难点知识进行清楚的界定，并对那些难以完成的任务做出合理的预期，然后确定与课程时间相适应的特定目标。无论如何，教师都要做到每一节课有一个主要目标，只有如此，才能让课堂上的内容条理化，对学生的学业有更多的指导。总而言之，教师要把主次之间的联系弄清楚，而不是一味地追求细节，最终无法达到预期的效果。

（六）科学性原则

在新的教学理念下，教师既要搞清楚"教"和"学"的关系，又要认识到自己所处的位置。因此，在实施素质教育时，教师必须坚持创新的教学方法，充分体现学生的主体地位，发挥好学生的主体作用，指导和帮助学生，促进学生主动参与。因此，教师应从"以人为本"的角度，建立与学生相适应的教育目标，从而促进每个学生在物理学习上的发展，继而达到最佳的教学效果。

此外，教师在设计教学目标时不能理所应当地将其视为"对"，而是要从学生的真实反应中真正地了解每个学生的掌握情况。因为每个学生的理解能力、接受能力、掌握知识的能力都不相同，以同样的方式来衡量，会造成学生心理上的差异，给他们带来压力，进而影响他们的学习效果，从而降低教师的教学水平。另外，教师制定的目标一定要顺应时代的发展，让目标与现行的教育改革相一致，把学校、班级和学生作为目标的起点。总之，学生不单单想要学习知识，更重要的是将自己所学的知识应用到实践中去，从而达到他们的初始目标。因此，高中物理教学不应过分强调理论知识的传授，而忽视了学生的实践能力，应从学生的视角出发，以人为中心、有目标地进行指导，从而实现科学的教学。

比如，教师在教学"下坠式"的课程时，首先采取实验性的方法进行启发式教学；其次，让学生自行制作有关的简易实验，用以测量自由下落的加速度和一般的加速度，并记住有关的方程，解决有关的问题；最后，让学生了解自由下落的特征及运动特性，从而了解匀速直线的运动。

三、实现物理教学目标的方式

（一）有效提高学生的知识与技能

高中和初中的物理教学在内容上存在着很大的差异。在高中物理课上，对生活中的一些与现实现象有关的物理学的认识，使教学内容更为深入、抽象。学生逻辑思维能力不断提高的情况下，填鸭式的理论灌输并不能让学生真正地熟练运用所学的知识和技巧。教师在教室里可以实施"三多"的方法，即多提问、多做实验、多观察，使学生产生非常强烈的求知欲。学生通过自己提出并解决问题获得了知识，并加深了对知识的印象。多做实验可以培养学生的实践技能。物理学是一个很有实际应用价值的科目，其实践技能是最重要的。多看是一种培养学生科学思维的方式，而其中所包含的物理学规律则需要通过观察来发现和归纳。学生在学习知识、掌握技术、严格遵守"三多"的原则下，掌握所需的知识、技术，这将产生正面影响和积极的意义。

（二）注重教学过程与方法的运用

在物理课程中，教师的指导是非常重要的。把物理学理论简单地讲给学生听，让他们去背诵、去领悟，势必会与物理的本意相抵触。物理由教师指导学生从观察的物理现象中得出结果。教师要把握课堂的节奏，转变以往的"灌输"方式，注重培养学生的自学能力，强化学生实验的集体协作精神。教师仅仅起着引导作用，永远不要把结果直截了当地讲出来，而要让学生自己去探索；不要随意评判学生的研究结果，而是要让学生多思考、多验证。教师的授课既是对物理知识的探究，又是对实验技巧的磨炼，教师要注重"教"与"学"的交互作用，反对个别式的灌输，以达到"教"的目的。在愉快的课堂气氛下，学生可以快速、高效地获取物理知识。

（三）贯穿科学的情感态度与价值观

物理是一门涉及多种学科的综合学科，在高中阶段，设置基本的物理课程，就是为了让学生在科学上有更多的探究和实践。物理学是从物理现象的基础上发展起来的，是由各种各样的自然现象和实验室的物理学理论相结合的。这是一个相互发现、相互理解、相互印证的连接。在物理课上，教师要激发学生的想象力，让他们运用日益成熟的逻辑思维，对其所看到的事物进行探究式的探索，并进行实验操作，以跟踪事物背后的物理学规律。其中对科学探索的情感是培养自然科学探索精神的一个主要内容。物理学除了教授最基础的物理知识和技术外，还包括让学生运用物理知识来进行科学探索，运用科学来证明自己的观点和价值观念。在物理课上，"教"与"学"要体现出一种科学的理念和正确的价值观念。

第三节 高中物理教学策略设计

一、选择与设计充满生命活力的教学策略

在物理课堂上，教师应注重培养学生的主观能动性。学生是以自己的知识、经验、思想、灵感和兴趣参与到物理课堂中来的一种生机勃勃的动力，教师要充分调动学生的主观能动性，就要制定富有活力的物理教学策略，"以学为本""以人为本"。在课程和方法上，应注重并充分指导学生进行有意义的接受、合作和探究性学习。

有意义的接受是一种很好的学习方法。在接受的过程中，物理学的知识是以一种定性的方式表现的，而学生则是通过同化的心理过程去完成的。接受式的教学适用于以物理事实、物理历史事实、物理材料、物理名称、物理数据、物理场景等物理陈述性知识的教学。

物理教学普遍采用接受式的教学方法，而非有意义的接受式，其缺点在于"灌输""接收"，学生是被动地接收，教师强调的是把物理知识、结论讲清楚，让学生把所有的知识都"记下来"，这样学习效果就会很差。新的课程提出了把消极的接受式转变为主动的、有目的的接受式，就像Osbel提倡的"先导式"，它采用了"下位学习""上位学习""并列学习"等方法来同化新旧知识，使其在课堂中的应用更加高效。

合作学习是一种以小组或班级形式进行的互助学习，它具有清晰的职责，教学的进程既是认识的活动，也是交流和美学的活动。合作学习有利于提高学生的交流意识、合作意识和竞争意识。

探究性学习是从课堂或实际的实践中选取课题，在教学中营造一种与学术研究相似的情境，让学生通过独立发现问题、实验、操作、调查、搜集与处理信息、表达与交流等活动来获取物理知识，促进学生物理技能、情感与态度的发展，尤其是探索与创新的学习。

二、选择与设计"交互"的开放的教学策略

当代教育观提出，教学的实质在于"交互"。在物理学的教学中，教师和学生之间传递着各种知识。在传统的教学中，只有"师传生受"的交互。新课改强调教师与学生之间的对话。唯有以同等的方式对话，才能实现智力碰撞、体验分享、精神和谐与理智的提升。师生之间的交互包括物理需要、物理兴趣、物理知识、物理情感态度、价值观念等，同时包括生活经验、行为准则等，并在师生间进行沟通和对话的过程中，促进师生之间的相互交流。

强化教科书与现实生活之间的联系，是进行开放性物理教学的重要手段。现实中，人类的生命中存在着无限的物质资源。在学生学习对生活有用的物理，学习对终身发展有用的物理的时候，当教师把生活中的物理现象和物理课本的教学结合在一起的时候，就会让学生体会到物理学习的重要性，从而提高其学习物理的动力和积极性。物理学的知识包括力、运动、电路、传感器、马达、发电机等，这些知识也是关于生活的，把学生从书本的世界带到现实的世界，既是一个开放的教学流程，又能加深学生对物理学的认识，更能激励学生联想、产生创意。

三、选择与设计韵律和谐的教学策略

教学是教师和学生之间互动的平台，教学的工作是教师和学生之间的合作。唯有合理选用符合设计节奏的物理教学策略，方能弹出优美的音符。从时间上讲，一般的物理教学应该包括序幕、情境进入、展开、高潮和结尾。

在课堂中，情境的预演与材料的呈现、经验的体验，是教师在课堂中进行节奏协调的教学活动的根本方法。情境预演即创设一种环境气氛，使学生能够在其中进行研究。

四、选择与设计引领学生学会学习的教学策略

在教学大纲中，过程与方法是一个非常关键的环节，高中物理教学要引导学生学会如何学习。学习和会学是必需的。学，侧重于获取和累积，以提升问题的处理能力，是一种适应型的学习；会学就是指对知识的理解和运用，它是一种创造性的研究，可以发现新知识和信息，并能向他人提问。方法论是知识，是一种重要的知识，远胜于学问。物理学的教学方法是指运用物理的策略知识，策略知识包含了对所学内容的理解与记忆的方法；此外，还涉及辅助教学的策略，如规划、组织、监督等，以保证教学的顺利进行。

体验的进程和总结的结果一样关键。相关研究结果显示：在要求学生进行自主记忆时，擅长记忆的学生采用了物理知识的分类（代码）方法，而有些学生，则会继续机械地进行记忆。从某种意义上讲，学习的编码模式可以从某种意义上反映学生的学习策略。在信息流从短期到长期的学习中，编码是一个关键的环节，在物理课上，可以运用类比法、比喻法、联思法、韵律法、情境法、质疑法和扩展法等多种学习策略。对于记忆，浓缩法、图式法、联思法、口诀法等都是很好的学习方式。

第四节　高中物理教学过程设计

物理课堂教学过程设计是教学设计的重要环节，是教师理论和教学思想的具体体现。教学过程设计就是通过制订教学过程结构方案，将参与教学过程的各个要素（如教师、学生、教学媒体、教学方法、教学内容等）在各个教学阶段的相互作用关系直观地表达出来，使教学过程有序展开，有利于教学过程最优化。值得注意的是，教学过程设计与教学策略的设计是同时进行、不可分割的两个方面。

一、教学过程的本质

（一）教学过程的要素

教学过程是指在特定的社会需要下，利用特定的教育环境来引导学生学习教学的具体内容，是一个在这个客观的社会中发展自己的进程。构成教学过程的要素有哪些？对此人们尚未取得共识。有"三要素说""四要素说""五要素说""六要素说""七要素说"。其中有代表性的是"三要素说"和"七要素说"。

从教学设计的观点来看，可以将参与到课堂中的各环节之间的关系分为结构因素和程序因素。

结构因素包括教师、学生、课程和媒介，它们均在教学活动中起着重要作用。在认知过程中，它们形成了三对矛盾关系：教师与学习者之间的矛盾、教师与课程和教学媒介之间的矛盾、学生与课程和教学媒介之间的矛盾。这些矛盾构成了教学过程的基本矛盾。

程序因素是指教学目标、教学方法、教学模式、内容、课程计划、学科课程标准、教学环境、时间、空间、预期结果等。在课堂上，教学的各个环节都是由不同的因素组成的。在整个教学活动中，各因素相互联系、相互制约、相互影响，构成某种综合作用，能够有效地推动教学工作的顺利进行，并促进学生的身心发展。

（二）教学过程的本质

教学过程的本质是什么？人们在探索教学过程本质属性的过程中形成了不同的观点，大致可分为传统认识与现代认识两类。

在对教学过程本质的传统认识上，有人归纳了七种主要观点：

一是刺激-反应论，在此基础上，笔者提出了一种新的思维方式，即安排情境、控制反应，促使学生产生恰当的感觉，再经过反复训练，最后养成自己的行为。

二是探究、发现论，认为教学就其实质来说，就是充分发挥学生探究和发现的能力，从而获得知识和发展能力。

三是特殊认识论，认为教学过程是一种特殊的认识过程，具体表现为教学认识的间接性、有领导和具有教育性的特点。

四是认识发展论，认为教学过程是一种特殊的认识过程，也是一个促进学生发展的过程。

五是实践论，包括特殊实践论和认识实践论。特殊实践论认为，教学是一种特殊的实践活动；认识实践论把教学的过程看作一个既有认知又有实践，更有认知和实际结合的活动。

六是情知统一论，认为情感和认知是教学过程的主要部分，教学中的这两个部分是统一在一起的，缺一不可。

七是多重本质论，认为教学过程是一个多方面、多层次、多序列、多形式和多矛盾的复杂过程。

随着人们认识水平的不断提高，以及教育教学改革的深化，对教学过程的本质又有一些新的观点，大致归纳为六种：

一是特殊交往论，认为教学过程是一种有目的、有组织和有计划的师生交往活动。

二是认识与交往实践统一论，认为教学过程是一个包括认识和交往实践两个方面的活动过程。

三是特殊审美论，认为教学过程的实质是教师指导学生个体的一种特殊的认识过程，也是一种特殊的审美过程。

四是动态生成论，认为教学通过教师和学生之间通过对话、交流和合作等互动活动，来促进教师和学生在课堂上完成教学的任务和目标。

五是语言性沟通与合作论，认为教学从本质上就是一种沟通与合作的活动。因此，教学是一种语言交际，也是一种语言活动，其中，对话是教学的一个主要特征。

六是非线性论，认为教学过程的各个环节之间所建构的意义不是呈线性的、序列的、积累的特征，而是呈现越来越丰富、层层递进且回环往复的特征。

纵观以上观点可见，教学过程确实是一个多因素参与的复杂过程，每一种观点都力图从不同角度揭示教学过程的本质属性。

二、物理教学过程设计的基本原则

教学过程本质的多面性，参与教学因素的多样性，决定了教学过程的复杂性，因此，教学过程的设计也应从不同的层次与角度进行。不论选择何种角度进行教学过程的设计，都应该遵循如下原则。

（一）发挥教师的主导作用

在教学过程的设计中，教师的主导作用应体现在引导学生积极建构自己的认知结构上，具体表现为向学生明确学习目标，维持学生学习动机，激发学生学习兴趣，创设教学情境，提供学习材料，引导问题讨论，组织活动，指导学生细致观察，引发学生深度思考，总结归纳概括，分析点评，答疑解惑，促进学生学习迁移等。

（二）突出学生的主体地位

学生的主体地位表现在他们学习的积极性和主动性上。教学过程的各个环节要给学生提供更多的参与机会，在教学设计时要考虑到在实施过程中学生能否真正做到动脑、动口、动手，还要考虑对学法的指导，让学生学会独立学习。

（三）发挥媒体的最优功效

在教学设计过程中，要根据教学目标的要求、教学内容的需要以及各种客观条件，选择合适的教学媒体，使不同的教学媒体发挥各自的优势，相互促进，相互补充，从而构成一个最优的媒体整合体系。同时应注意使用的时机，选择最佳作用点和最佳作用时机，这样才能发挥媒体的功效。

（四）符合学生的认知规律

学生的认识和特性与其年龄、心理特性有关，教学设计的每个环节，如教学的组织、教学方法的使用、教学媒体的选择、学生的活动等都要符合学生的年龄特征与认知规律，这样才能收到满意的教学效果。

（五）遵循教学和学习规律

教学过程既是教师教的过程，又是学生学的过程，因此，在进行教学过程的设计时，不仅要遵循教学规律，更要遵循学生学习过程的心理规律，如智力因素与非智力因素发展相互影响、相互制约的规律，知识的迁移规律，等等。另外，学生学习不同类型的知识时，如概念与规律的学习、实验操作技能的学习、物理问题解决的学习等均存在着各自的特殊规律，教师在教学过程的设计中应充分遵循这些规律，才能使教学高效进行。

三、物理教学过程设计

物理教学过程是由多因素参与而形成的复杂过程，因此，对于教学过程的设计需要教师从不同的角度去分析，从而形成不同风格的教学过程。下面从教学过程类型（课型）、教学过程模式（简称教学环节）、教学过程结构

（流程）三个角度来分析物理教学过程的设计。

（一）物理教学过程的类型设计

由于有物理概念、物理规律、物理实验等不同内容的课，也有新授课、练习课、复习课等不同教学任务的课，课堂教学中会使用不同的学习方式与教学方式，由此产生了不同的物理过程类型，即物理课型。课型和学与教的方式是密切相关的，它是物理课堂教学中最具操作性的教学结构和程序。现代教学论认为，特定的课型对应着特定的课堂教学结构。也就是说，课型是由一节课内的教学任务、教学内容、教学目标、教学模式、教学方法、师生在教学中的活动所决定的一种课堂教学结构。对不同的课型进行分析，可以帮助教师掌握教学目标、教学模式和教学方法的变化，从而增强教学设计、实施和评价的水平。

物理课型因依据不同可以分为不同的类型。

1. 按物理课的容量划分

（1）单一课：指在一节课内完成教学过程中某一特定阶段的教学任务的课。大部分课都属此类型。

（2）综合课：指在一节课内完成两个以上或全部教学阶段的任务的课。综合实践活动课、研究性学习等课属于此类型。

2. 按教学任务划分

以物理教学任务作为依据，物理课可以分为新授课、练习课、复习课、讲评课等，这些都属于课堂教学的基本课型。

3. 按教学内容划分

按物理教学内容（物理知识的类型）的不同，物理课可分为概念课、规律课、实验课、问题解决课等。

4. 按教学模式、教学方法、师生活动方式划分

按教学模式、教学方法、师生活动方式的不同来划分课型，实质就是按"学与教"的不同方式划分，大致可分为以"教"为主的课型、以"学"为主的课型、"双主"课型这三种。

（二）物理教学过程的模式设计

物理教学过程模式也就是通常所说的物理教学环节，它反映了在课堂教学过程中教学策略的具体实施过程。物理课型不同，教学环节也不同，教学环节是依据课型而定的。

1. 物理新授课常规教学环节设计

历史上比较有影响的新授课教学过程模式有赫尔巴特的五段课堂教学过程模式、凯洛夫的六段课堂教学过程模式、根据加涅"九阶段教学"策略形成的九段课堂教学过程模式、皮连生的"六步三段两分支"课堂教学过程模式。这里重点介绍我国常用的和改进后的五段课堂教学过程模式。

（1）预备阶段。本阶段包括两大部分，即知识准备和能力准备，其主要目标是使学生的情感得到平缓，并调动他们的积极性，为新知识的获取做好准备。时间通常是5分钟，要让学生尽早地融入自己的角色，就必须选择恰当、简练、最佳的方式来把握话题。如果能把知识准备与能力准备结合起来，同时进行，那么其作用就会更好。

（2）突破阶段。该阶段分为提出问题、解决问题、揭示规律、质疑问难四个环节。这是完成课时教学任务的关键阶段，大约需要15分钟时间。要让学生在有限的时间里掌握新知识、掌握新技能，必须正确掌握课堂中的关键与困难，才能让他们永远富有亢奋的学习热情和良好的思想境界，善于发现新知识。要注重知识的形成过程，尽可能地让学生自己去发现和总结规律。对于有关概念和规律，应要求学生不仅意会，而且言传，结论得出之后，还应引导学生字斟句酌，分层分析，准确地掌握其内涵与外延，最后留下2~3分钟时间让学生质疑问难，以便教师及时掌握教学情况，调整教学进程。

（3）巩固阶段。该阶段分为基础训练和检查评价两个环节，是突破阶段的继续和发展，目的在于巩固新知识、新技能，大约需要10分钟时间。基础训练的内容应以巩固加深本课所学知识的基本练习为主，合理安排较少的综合训练，使训练目标清晰、重点突出、形式多样、梯度安排，使大部分学生能够基本领会和把握。练习之后，师生共同批改检查，对作业的正误优劣进行评价。

（4）发展阶段。该阶段分为发展性训练和发展性思辨两个环节，目的在于对所学知识进行适当拓展与延伸，集中发展学生的思维能力，同时为后续学习做必要的铺垫，时间可控制在5分钟之内。与基础训练相比，发展性训练更具灵活性、启发性和较高的思考价值。题目要精选，一般以1～2题为宜；应与本节知识密切相关，并且以有利于后续学习为前提。练习之后，若有可能，应从理论上予以归纳概括。由于有一定难度，教师可酌情点拨，应鼓励全体学生积极探索，但不要求人人理解掌握。

（5）整理阶段。该阶段分为系统整理和课堂总结两个环节。这是一节课的终结阶段，主要任务是将有关知识梳理概括、提炼升华，使之形成体系，促进学生良好认知结构的形成，同时给学生最后一次质疑的机会，大约需要5分钟的时间。整理可以从知识、方法、思路等方面入手，纵横贯通，不受本课知识的限制。课堂总结应由师生共同完成，可先要求学生谈收获、议缺憾，交流经验，发表意见，最后由教师画龙点睛，归纳概括。至此，一节课圆满结束。

这五个阶段只是一个大致的划分，在实际应用时还可以分解、组合、增删或调整。当然，教学模式要因人而异，灵活对待，合理调整，适合学生，适合自己的教学模式才是最好的教学模式。

2. 其他课型的教学环节设计

（1）练习课的教学环节。由教师根据教学目标和教学内容的需要创设情境，提出问题或要求，进而分析和明确本次练习的任务，然后由学生自主探究，解决问题或完成任务，促进知识的迁移。

（2）复习课的教学环节。在学生提前复习的基础上，由教师进行要点指导，尤其是对教学难点进行重点辨析，使学生巩固所学知识；然后由学生进一步讨论，提出问题，解决疑难，促进知识的迁移，优化认知结构。

（3）讲评课的教学环节。学生对自己的作业、试卷、作品、实验报告等在自查的基础上，在学习小组内进行互评，然后由教师对学生的学习成果进行归类指导，激发学生的发散思维，使得学过的知识得到复习、活用、重组、改善学生的认知结构。

（三）物理教学过程的结构设计

物理课堂教学过程的结构也就是通常所说的教学流程，是教师在课堂上组织教学的基础。传统的教学流程表现形式是在教师准备课程时，以教案的形式来体现参与教学过程的教师、学生、学习内容、教学媒体等各要素之间的关系。然而教学过程是复杂的，如何把复杂的教学过程结构化，即把教学过程相对分解为几个阶段或几个环节，使教学过程易于操作？教学设计主张采用类似于计算机流程图的形式，把复杂的教学过程分解为几个相对简单的环节，明显地显示出参与教学过程的教师、学生、教学媒体、学习内容、教学方法等各要素之间的关系，从而使过程能有序展开。

第五节　高中物理教学评价设计

一、物理课堂教学评价设计

在物理课程中，物理课堂教学评价指教师运用各种有效的方法和手段收集有关的信息，对物理课堂教学活动做出科学的价值判断。物理课堂教学评价设计是教学设计的最后阶段，也是教学设计过程中的一项重要内容，通过物理课堂教学评价的设计，设计者制定出一套完整的评价物理课堂教学活动的操作程序，以便教师对自己或他人的课堂教学做出价值判断。更重要的是教师能够从评价中获得教学效果的反馈信息，有利于他们更好地修改、完善教学设计，改进教学过程，达到教学的最优化。

（一）高中物理课堂教学评价的内容设计与分析

进行物理课堂教学评价，首先要解决评什么的问题。我们从影响课堂教学效果的基本因素入于进行评价指标的设计。针对影响课堂教学效果的因素，如教学目标、学生、教师、教材、方法与管理等，物理课堂教学评价的内容应当包含以下内容。

1. 评教学目标

教学目标是教学的起点与终点，其制定与实现是否恰当是评价一节课质量的重要标准。评价教学目标应从以下方面着手：

首先，在制定教学目标时要注意是否全面、具体、恰当。全面是从知识、能力、思想情感等多个层面来判断的；具体是指对知识目标的定量要求，对能力、思想情感目标有清晰的要求，能够反映出专业特色；适宜是指

117

能够在大纲的指引下，体现年龄、年级、单元教材特点，符合学生的年龄、知识特点，难度适中的教学目标。

其次，要达到目的，要看到在每个教学过程中，教学目标是否达成，教学方法是否与教学目标密切相关。这主要体现课堂教学有没有尽可能快地触及关键部分，有没有确保重点的教学时间，有没有加强和巩固主要的知识和技巧。

2. 评教学内容

教师的课堂表现好坏，既要根据教学目标的制定与实施来判断，又要根据讲授人如何安排、如何进行判断；不仅要看教师的教学方法是否准确、科学，还要看教师对教材的使用、教学方法的选用是否能突出、突破、把握要点；要看目标是否明确、全面、有针对性；要看是否掌握教学的要点，是否在课堂上强调要突出重点；要看是否正确掌握教学的难点，取得突破；要看组织和处理的内容是否严谨；等等。在教学过程中，教师要根据教学规律，教学目标，学生知识基础、认知规律和心理特征等因素，对教学内容进行适当的调节，重新组织教学，科学安排教学过程，采用适当的教学方式，把教材体系转变成教学体系。

3. 评教学程序

教学目标要通过教学过程来完成，而能否达到教学目标取决于教师的课程设置与操作。所以，一定要对教学程序进行评价。教学程序评价的内容有：

（1）教学思想。教学思想是教师讲授的一条重要的线索，从课程的内容和学生的能力两个层面出发，进行了相应的设计。这是一种安排和组合教学的思想，如何衔接过渡、怎样安排详略、怎样安排评讲。在课堂中，思想的设置是多种多样的。因此，对教师进行评价时，首先要考查教师的思想和方法与课程的实际情况是否适应；二是要注意在教学思想上是否有创意，是否能让学生感到新奇；三是要注意思想的结构是否清楚；四是观察教师在课堂中对教学思想的实践。

（2）教学内容的组织。教学思想和课堂结构之间存在着不同而相互关联的关系，强调对教学内容的加工，体现了教师在课堂上的教学过程；而在课程安排上，注重教学策略的制定，以体现教学的水平与联系。它是一堂课中各个环节建立，并确定各个环节之间的联系、顺序和时间分布的依据。教学的组织形式又叫作教学过程或程序，不同的教学组织会带来不同的教学结果。良好的教学程序往往结构严谨、环环相扣、过渡自然、时间分配合理、密度适中、效率高效。下面重点介绍时间的分配。

通过讲授人员讲授时间的分配，可以更好地理解讲授人员讲授的要点。

① 对课时进行的计算：要根据课件的安排，注意课件时间的分配是否合适，要注意课堂上有无前松后紧或者前紧后松的情况，要注意讲课和练习时间的安排。

② 对教师活动时间和学生活动时间进行核算：根据学生活动时间与课程目标和需求相适应的原则，看是否存在教师活动时间过多，学生活动时间过少等问题。

③ 学生个人活动和团体活动的安排：学生个人活动、小组活动、班级活动安排的合理性，以及学生有无集体活动过量、学生独立思考、独立完成任务的次数等。

④ 对不同层次学生活动时间的安排：根据优生、中等生和后进生的时间安排情况，是否存在优生的时间安排和后进生的时间安排不合理的情况。

⑤ 不讲授时间：教师是否在教学中脱离教学内容，做其他事情，并将珍贵的教学时间白白消耗掉。

4. 评教学方法和手段

评价教师的教学方法、教学手段的选用与使用是教师评价的另一个主要方面。教学方法是指在教学中，为了完成教学目标和任务而采取的各种教学手段。但是，这并不是一种独立的活动方式，它包含了教师的"教"，也包含了由教师引导的"学"，这就是"教"和"学"的结合。对其进行评价的方法和方式主要有：

（1）采用灵活的教学方式。教学有法，教无定法。教学是一个复杂而又变化的系统工程，没有一成不变的办法。一种好的教学方法总是相对的，总是随着课程的发展、学生的发展和教师自身特征的改变而改变的。即在教学方法上应因材施教，灵活运用。

（2）采用多种教学方法。学生最怕的就是枯燥乏味的教育方法，每天都在重复，让人感到乏味。由于教学的复杂程度不同，其方法多种多样。不仅要考虑到教师对实际情况的选择，还要注意教师在教学方法上的多元化，从而达到"出类拔萃""常教常新""艺术性"的要求。

（3）对教学方法进行革新。评价教师的教学方法不仅要注重常规，而且要注重改革和创新。特别是对优秀骨干教师的授课进行评价，不仅要有规律，还要有改革、有创意。要注意在课堂中进行思维训练，要注意创造性的培养，要注重学生主体性的发挥，要注重对新的课堂教学方法的建构，还要注重对教学艺术形式的塑造。

（4）使用现代教学方式。现代教学要求以现代的方法进行。教师的教学方式和手段也要根据教师的实际情况适时恰当地使用投影仪、录音机、电脑、电视、电影等现代化的教学方式。

5. 评师资培养的基础技能

对课堂进行评价时，也要注重教师的基本技能。一般来说，教师的基本技能主要有：①板书。优秀的板书，一是要有科学性、条理性；二是，语言简洁，有艺术性；三是条理清晰、字体优美、板书熟练。②态度。教师在教室里的教学姿态应当是明朗、活泼、庄重、富有感染力、仪态庄重、举止优雅、态度温和的，这利于师生之间的感情和谐。③文字。教学也是一门语言的学问。教师的语言有时候是课堂成功与否的关键因素。教师讲授的语言一是要简洁明了，有鲜明的个性和启发意义；二是，音调适当、快慢适中、抑扬顿挫、富于变化。④教具。观察教师使用教学具情况，掌握投影仪、录音机等操作方法。除以上几点，还要看教师演示的时机和位置是否把握好，是否考虑到所有学生，看课堂示范与实验的操作是否娴熟、精确，并取得较好的教学效果。

6. 评学法指导

一是要明确学习方法的目的和要求，是否引导学生认识学习规律、端正学习动机、激发学习兴趣、掌握科学学习方法、养成良好的学习习惯、逐步提高学习能力、提升学习效果。二是要了解学习方法的具体内容，并将其运用到实践中。

7. 评能力培养

通过对教师在课堂上对学生进行能力的评估，可以看出教师在教学中能否达到以下目的：一是营造一个较好的情境，加深学生对问题的认识，并使其产生好奇心；二是注重发掘学生的心理素质，引导和鼓励学生，培养学生独立思考、探究和质疑的能力；三是养成良好的观察能力和心态；四是使学生具备良好的思维习惯和较高的思维素质，使其多方面思考、多角度解决问题等。

8. 评师生关系

在课堂上，教师是否能够完全确定教师的主导地位；在课堂上，教师要注意营造宽松民主的课堂气氛。

9. 评教学效果

对课堂教学的评价主要有：一是高效、活泼、积极的学习氛围。二是受惠于广大学生，各层次的学生在原来的基础上取得了较大的提高。知识、能力、思想和情感目标都可以达到。二是45分钟的高效使用，使学生学习起来更加轻松，学习的热情高涨，当堂课的问题在课堂上就能得到解答，而且学生的负担也比较合理。评价教师的教学成效，有时候还可以通过考试来进行。在一节课结束之后，教师会在现场对学生所学的知识进行测验，然后对数据进行分析，以评价课堂教学的成效。

（二）高中物理课堂教学评价的程序设计

一般而言，高中物理课堂教学评价可以分为三个阶段。

1. 准备阶段

准备阶段主要就为什么要评价、谁来评价和评价什么等问题做充分准备。这一阶段的主要工作包括组织准备、人员准备、方案准备以及评价者和被评价者的心理准备。

（1）组织准备。组织准备主要是建立评价工作领导小组或组成评价工作小组。

（2）人员准备。人员准备主要是指组织与评价有关的人员学习评价理论和有关文件，做好评价工作的知识与技能储备。

（3）方案准备。方案准备主要是指评价的组织者根据课堂教学评价的目的，在教学评价实施前拟定有关教学评价的目的、内容、范围、方法、手段、程序和预期结果的纲领性文件。对评价方案有如下要求：

① 评价准则。评价准则通常包括评价的指标系统和评价准则。评价指标的制定是否科学、有效，直接影响评价的可信性与效度。在制定评价准则时，要根据相关的调研，严格论证、专家评判、实验修正，使评价的质量最优。

② 保证评估过程的科学性、规范性和可操作性。评价工作的科学性、规范性和可操作性是指评价工作的指导原则和评价的方法要科学化，评价的操作流程要标准化，要遵循事先设定的流程，不可任意更改，并且评价的整个流程必须具备可操作性，能够做出清晰的判断。方案通常包括以下内容：评价目的、评价对象、评价标准、评价方法、实施期限、评价报告完成的时间、评价报告接受的单位或部门、预算等。

（4）评价者和被评价者的心理准备。在评价的准备阶段，评价者和被评价者会出现诸如成见效应、应付心理、焦虑心理等一系列心理现象，这些心理现象不仅会影响评价者与被评价者之间的关系，而且会影响评价的信度和效度，因此，需要进行有效的调控。

2. 实施阶段

在教学评价过程中，执行期是核心内容。本研究的重点在于利用多种评价手段与技术来搜集各类评价资料，通过对评价资料的梳理做出价值评判，调整评价者与被评价者的心态，确保评价工作的顺利进行。

（1）评价资料的搜集。评价指标体系的科学与否，对数据采集的可靠性有着很大的影响。

（2）对评价资料进行分类。对于所搜集的评价资料，一般都是要审查和分类的。前者要对评价结果的正确性做出评判，如是否在答复时马虎，是否随意，是否反映出被评价人的实际情况；后者对评价资料的共性进行总结，从而降低其混乱程度。

（3）对评价资料进行分析和加工。在此阶段应重点关注以下几点：一是把握好评价的指标；二是，评价人员应当采用预先设定的测量方式或其他方式对评价信息进行处理，并给出相应的评分、等级或定性的评价建议；三是在一定的条件下，评价人员的观察结果应当被认定和复核。

（4）对各分项进行全面评价，并对其进行综合评价。评价人员应依据综合评价的结果做出准确、客观的定量和定性的评价结论，并提出评价的建议。如果需要，可以根据评价目标的优劣，判断其是否符合其所需的准则。

3. 评价结果的处理与反馈阶段

评价结果的加工与反馈一般包含下列内容：

（1）对评价的结果进行检查。对评价的结果进行检查，不仅要对评价过程中的各个环节进行全面、准确的评价，而且要通过统计学的方式来验证评价的结果。

（2）对问题进行分析。教学评价不能单纯地将学生分为不同级别，所以，有必要认真地对已有的数据进行详细的研究，并对其进行系统的评述，以便发现问题和问题的根源。

（3）编写一份评价报告。评价报告通常由封面、正文和附件三个主要部分组成。封面上须注明评价方案的题目、评价者姓名、评价报告接收者姓名、评价方案实施及完成时间、报告完成时间。而主体则由五个方面组成：①概述。对评价的报告做简短的回顾，说明为何要进行评价，并列出了一些关键的结果和提议。②评价项目的相关背景资料。主要阐述评价方法的形成，着重阐述评价准则的制定和理论基础。③对项目执行程序进行评价说明。其内容是对评价的流程进行描述，也就是对资料的采集与加工进行说明。④对实验数据进行了研究。讲述各类评价相关的如资料、事件、证据等，并对其进行加工。⑤总结和意见。对评估的结果进行推理、总结。

4.反馈评价结果

评价结果是将评价的成果反馈到被评价对象或者上级主管机关，从而引导和激励被评价对象不断完善自我，并为学校和学校的行政机关做出相应的决策提供依据。一般通过个别谈话、汇报会、座谈会、书面报告等形式对评价结果进行反馈。

（三）高中物理课堂教学评价的基本方法

1. 随堂听课

随堂听课是获得课堂教学资料的一种有效手段。采用随堂听课的方式，一般要做到如下几点：

（1）预先做好预备工作。事前的预备是指在评价者和被评价者之间预先达成的时间、地点、方式、观察重点等；在课堂教学中，教师要对课堂内容、教学目标、教学设计等进行全面研究。提前交流还可以帮助被评价者消除紧张情绪，使其尽可能地维持课堂的正常状态，并尽可能地降低人为的演戏因素。

（2）课堂观察。在教室里，可以进行全程观察和有针对性的观察两种方式。后者是对教师进行全面的考查。在进行观察的时候，要注意不遗漏每一个细微之处，对某些特定的动作具有很强的敏感性，并对其进行及时记录与分析。这种类型的观察往往比较困难，需要有丰富的观察力。而前者是按照预先设定的观察焦点，进行有目的的观察与记录。在观察时，观察人员通常会使用预先准备好的观察仪器。重点观察是由评价人员预先与被评价者共同制定评价重点，如重点学生、重点事件等，并自觉地在课堂上进行观摩。

（3）教学笔记。教学笔记是与课堂观察一起进行的，一般有两种方法：一是使用预先选定或开发的观察手段来进行，如弗兰德斯的互动分析；二是录音，既要对教室里的各种言语和非言语行为进行录音，又要做到将所见、所闻全部记下，也就是课堂上的录音。当然，也可以将其作为一个有针对性的记录。在记录时，要特别留意某些意外的记录，以及它们的处置，常常可以更清晰地反映被评价者的行为动机。

（4）进行简单的速考。常见的速考方式有两种：一种是通过测试来反映学生对教学的理解；二是小型问卷，如"你在课堂中举起多少次手？你是否乐意参加班内的分组讨论？教师所说的内容你是否能理解？"等。

（5）对评价的结果进行反馈。教师评价的结果通常通过课堂后的研讨来进行，而评价访谈则是其最常用的方式。总体而言，评价访谈分为以下几个阶段：①对访谈目标进行清晰评价，帮助被评价者解除疑虑，使其可以自由发言；②请被评价者说明该课程的总体安排、设想和实现的水平，并根据评价的准则进行自我评价；③评价者根据课堂讲授的内容，指出本节课的优点与缺点，并对其进行评估，给出相应的建议；④就被评价者对评价者提出的意见和建议，他们就各自不同的意见进行探讨；⑤在双方协商一致之后，对今后的课堂进行指导。

2.量表评价法

在传统的课堂教学评价中，最常用的是量表法。这种方法预先设定评价标准，并给予评价级别。在评估阶段，教师根据课堂教学的现实情况，进行分级评估。

因为以评价问卷为依据，该评估方法的关键在于制定评价量表。而制定评价量表的关键是制定评价指标。制定评价指标，一般分为三个时期：

（1）扩散期。本研究的重点在于对教学目标进行细化，并制定详细的初步指标。在此期间，一般可以使用脑力激荡和因子分析两种方法。脑力激荡是在专家大会上发表意见，进行初步评价。因子分析就是将评估指标按其自身的逻辑进行层层分解，以分解的主干因子为指标。在进行分解时要采用一个统一的分解准则，并且在各个层面上要互相协调，从高到低依次进行。

（2）收敛期，也就是对初步的评价指标进行合理的整合与甄别。该时期可以采用经验法、调查统计法、模糊聚类法等方法，但指标必须具有重要性和独立性，应能体现被评价指标的性质。

（3）修正期，在较短的时间内选取合适的评价指标进行实验，并在实验的基础上修改评价指标和评价准则。

3.案例分析

个案研究是对一些典型的教学事例进行全面分析，使教师认识到自身的优点和缺点，或者对别人的教学实践进行客观评价和借鉴。案例是对现实情况的一种描写，既有一种或多种困难问题，又有一种解决办法。简单来说，一个好的个案是一个充满活力的故事，再配以出色的评价。个案作为交流的桥梁，在此基础上进行反省，以厘清具体的教学行动和理论基础，将有助于改善和引导未来的教学工作。个案的内容往往与现实紧密相关，素材来源广泛，书写方式多样，便于沟通与传播。

有一些常见的案例书写方式：

（1）说课。这一类案例写作方式与一般的讲授方式相似，即将自己的某一节课的构思和优点、理念表达清楚。

（2）教学案例分析。选取一节或多节课的案例进行描写，再对其利弊做较为深刻而又有见地的评论。它的思考对象可以是一个或多个。

（3）主题个案调查。首先，确定一个课题，并对其进行理论上的整理。其次，从多个实例的叙述和分析中对其进行深刻的探讨。

（4）教学大纲。个案并非一定是一个教学实例，也可以是一个有意义的教学经历和观察。此类个案的评价往往较为简洁，往往与叙述相结合。

在教学实践中，教师可以按照以下步骤来编写案例：①选取一种或多种具有代表性的案例，对其进行分析；②选择案例的书面形式；③采用"脑力激荡"的方式，让每个教师说出他们在教学实践中所遭遇的疑难或两难问题；④整理和总结问题；⑤教师分别编写案例的第一份草稿；⑥召开案例研讨会，探讨案例的具体内容及格式。

二、学生物理学习评价设计

（一）学生物理学习评价设计的理念

以往的学生评价过于注重成绩，忽略了学生的学习过程，忽略了学生在不同阶段的进步情况和付出的努力，无法充分发挥评价的作用。新的评价思想应当注重对学生的发展和对学习的影响。为此，需要清楚如下几个方面：

1. 评价的目的在于促进发展

评价的目的是保证实现课程标准的总目标，而不是甄别和选拔学生。高中阶段物理教育的目标是培养全体学生的科学素养。科学素养包含知识与技能、过程与方法、情感态度与价值观。同时，高中物理教育目标着重指出了以全体学生为中心，注重学生的差异，以促进每个学生的发展。因此，教师要在学生的知识与技能、过程与方法、情感态度与价值观等各层面发掘出他们的多种潜力，认识他们的发展需要，让每个学生都能够从评价中看出自身的优势，从而提高他们的自信心。

2. 评价内容综合化

物理教材突出了与学生生活、现代生活、科学技术发展紧密结合的教学内容，注重学生的学习兴趣与体验，选择终身教育所必需的知识与技能，注重学生知识与技能、过程与方法、情感态度与价值观三个维度的考查，注重知识之外的综合素质培养，尤其是创新、探究、合作与实践等能力的发展，以适应人才发展多元化的要求。

3. 评价方法多样化

新的评价思想突出了对学生发展的影响，而淡化了对学生的筛选和选择。考核的方法不能限于课本上的考核，还要对学生的学习全过程进行评价，注重对学生活动、实验、制作和讨论等的评价，而不主张以笔试作为唯一的评判标准。除纸、笔测试之外，还有访谈、问卷、小论文、成长档案袋、行为评价等。

4. 评价主体多元化

新的评价思想突出了评价对象的多样性，倡导改变单一的教师对学生进行评价的现状，鼓励学生、家长等参加评价，使评价成为一种多方的互动。尤其是对学生的自我评价，使其易于被内在地吸收，从而使其产生持续的学习动力。在教学过程中，学生可以进行自我评价，包括课堂自我评价、期中自我评价和期末自我评价。

（二）学生物理学习的表现性评价设计

物理学习的表现性评价是指在实际环境中，对学生在学习中的任务表现进行评价。表现性评价的特点是：任务情境是真实的而不是抽象的；需要完成的任务是较为复杂的；评价所关注的是学生在解决问题的过程中对知识与技能的掌握及情感态度与价值观的发展，而不是简单的计算或选择答案。

第 三 章

高中物理课堂教学改革的探索

第一节　高中物理课堂有效教学的理论探索

一、高中物理课堂有效教学的含义

要达到对"高中物理课堂有效教学"的科学理解，出发点是对"高中物理课堂"和"有效教学"两个概念的完整理解，然后在此基础上概括出"高中物理课堂有效教学"的含义。"高中物理课堂"这一表述的核心概念是课堂，"高中物理"仅仅是从学科和年级上对课堂做出限定。关于"课堂"这一概念，王鉴教授提出了三个层面：一是将课堂视为教室，即课堂中的主要活动地点；二是将教室视为一种教学行为；三是将课程视为课程与教学活动的有机结合，包括课程实施、课程资源开发、教学活动、师生关系和教学环境等诸多因素以及它们之间的关系。本研究对上述理解做一个综合概括，认为课堂就是发生在一定教室里的有一定组织关系的教师与学生共同参与的教学共同体。"高中物理"与"课堂"又共同作为"有效教学"的限定词，那么"高中物理课堂有效教学"的含义应该可以界定为：在高中各年级物理学科教学共同体中发生的教学过程、方式、方法均遵循物理教学规律和学生身心发展规律，教师与学生以及学生与学生之间的交往能够和谐、有机地统一的教学，教学内容满足学生和社会发展的价值需求，教学结果充分促进了学生在物理知识、技能、科学方法、科学思维方式、情感态度以及科学价值观等方面的进步与发展，从而达到了预期的物理教学目标，逐步把学生培养成具有主体性和创新精神以及实践能力的人才。它的上位概念应该是"有效教学"，它是一种特定年级和特定学科的有效教学。它与"有效教学"是个性与共性、特殊矛盾与普遍矛盾的关系。有效教学的研究成果对高中物理课堂有效教学的研究具有指导作用，但高中物理课堂有效教学理论应有自己特殊之处，它与数学、英语、语文等科目的有效教学既相互联系又相互区别。

二、高中物理课堂有效教学的特征

（一）物理教学呈现的知识结构清晰简明、逻辑性强

物理是研究物质结构、相互作用和运动基本规律的学科，物理的一个特征就是它的逻辑性。物理学的基本概念、基本规律和基本方法以及它们之间的关系是基本的物理学体系。高中物理在高中科学教学中只属于初级学科，其内涵却在一定程度上形成了一套较为完备的科学知识体系，并且有着严格的逻辑性。高中物理高效教学体现了物理学的知识体系，其逻辑清晰、逻辑性强，这是其自身特性所致。物理基本概念、基本规律、基本方法等知识的逻辑结构是由紧密的联系而形成的。该体系主要由两部分组成：一部分是对个别知识进行分析，而另一部分则是以各个知识点的交叉、组合等构成的综合作用。所以，要通过对物理学科内部的逻辑关系，使学生对所学的物理学科知识进行全面、系统的认识和把握。掌握了知识点和它们之间的联系，就可以最大限度地体现出整个知识体系的作用，并使之逐渐形成系统化的知识。另外，高中物理高效教学所展示的物理知识逻辑清晰，逻辑性也符合高中物理课程的特征。关于认识的构造，中外学术界有许多不同的说法，但是可以说都差不多。人们普遍相信，认知结构是一种在大脑中所构成的思维体系，它是个体所有认识的内涵与组织。根据布鲁纳的认知结构理论，大脑中的一切知识都可以看成一个完整的认知体系，即个体对某一事件或某项知识的理解过程。这些信息是以一种编码体系的形式组合起来的，它的一个主要特点就是对相应的分类进行分层排列。这个结构将新学到的知识概括地编码和说明，从而确定新的认识是否具有重要的含义。布鲁纳比较全面地论述了认知结构。因此，高中物理高效教学所展示的物理知识的结构应与高中物理认知结构相互影响，在教学过程中应充分体现学生对物理认识的内涵和组

织，将物理学的基本概念、基本规律、基本方法及其内在联系转化成一种内在的规律。所谓内化，是指将物理的知识结构，以感知、想象、演绎、推理等方式，转换到新的认知结构中。学习是对认知的再组织和再安排，不仅要从学生现有的知识体验来考量，还要从学习内容自身的逻辑性来加以考量。物理学的精髓在于把其固有的逻辑结构和认识联系起来，从而使得新的和旧的知识之间产生互动。

（二）课堂语言科学严谨、形象生动

首先，语言是思维的载体，高中物理课堂语言是高中物理思维的直接反映。物理学是一门客观、深刻地反映物质世界的系统科学，它的表述形式既有深刻的定性描述，又有准确、客观的定量表示。物理学中的基本概念、基本规律大都是定性与定量表述的有机统一。物理学的客观严谨典型地反映在它利用种种精确的数学表达手段为理论与实践（实验）开辟道路，使物理学的结论可随时加以严格检验。这也是物理区别于其他学科的一大显著特点。高中物理课堂有效教学的课堂语言具有科学严谨的特征，这就是物理学科的个性特征的直接反映。这就要求无论是对物理现象、物理概念或物理规律的描述与表达，还是实验或习题的内容、数据的记录和演算等，都是准确无误的。如果物理课堂语言保证不了科学性，物理教学就失去了它的意义。

其次，高中物理课堂有效教学是一种师生平等交往的教学活动，教学若要促进学生的发展，就要实现有意义的交往。课堂教学中的有效交往语言应当促成"教"与"学"真实并存，融会贯通的多元化、多层次的思维实践。在这种情形下的语言才能真正作为课堂教学中的有效交往语言得以运用并发挥作用。有效的交往语言产生于"教"与"学"的交往。"教"与"学"的主体是人，因此课堂教学中的有效交往语言首先是作为一种人为的语言存在。同时"教"与"学"的交往是一种情感、认知、精神的交往。课堂教学中的有效交往语言不仅仅是单纯的人为语言，更是人为语言的再生产和再创造。因此，高中物理课堂有效教学的课堂语言除了保证科学性和严谨性之外，还要考虑学生的情感、精神的愉悦。学生乐于聆听生动形象、幽默风趣的教师授课，将其视为一种心灵的愉悦。他们期望教师灵活地使用课本，巧妙地使用形象化的语言，生动地描述物理概念、物理过程等，使物理教学成为一项轻松的活动，使"死"的知识"活"起来，营造愉悦的教学氛围。杨振宁曾经说"哪里没有兴趣，哪里就没有记忆"，在以不失科学性的前提下，最大限度地提高教学语言的形象性、趣味性就是高中物理课堂有效教学的一大特征。当物理课堂语言的科学性与生动性达到了有机统一时，学生对物理问题也会理解得清晰充分，记忆深刻，进而产生对探索物理世界的向往，那么，物理课堂教学美的境界也就达到了。

（三）直观性和抽象性有机统一

首先，高中物理的许多概念、规律是在具体、直观的物理现象基础上，通过分析、综合、抽象和概括等思维活动建立起来的。学生学习物理概念、规律的过程既离不开对所学物理过程清晰和丰富表象的感性认识，又需要发挥抽象的思维能力达到对物理概念、规律的理性认识。物理知识是物理现象与物理概括在学生头脑中的统一体，物理知识的获得是在物理现象的基础上逐步导向概括的智力活动过程。一方面，感性认识是学生进行思维加工以形成概念和规律的原料，没有这些必要的原料，学生即使靠记忆得来了物理概念和物理规律，也是不深刻、不牢固的"无本之木"。所以，在物理课堂上，教师要创设直观的、便于学生观察和想象的环境，只有通过这种方式，才会让学生在认识物理学、发现问题、获取资料中获得益处。而感性的认知则要向理性发展，才能获得物理概念，掌握物理规律。另一方面，要把感性认知提高到理性认知，就需要学生把实质和不实质的事物区分开来。在此基础上，让学生自己对取得的数据做分析、概括，并由学生自己得出结论，从而达到从感性到理性的飞跃。这就是高中物理课堂有效教学的特征——直观性和抽象性的有机统一。直观性保证了对物理现象的认识，抽象性则保证了对知识概括的掌握。直观性和抽象性、感性因素和理性因素统一在认识活动中，实践的感性认识是思维的源泉，抽象性的概括是认识的手段。学生经历这样的学习过程，思维能力才能得到培养和提高。

其次，高中生作为青少年的主要特征为：身体发育逐步完善、精力充沛、好奇心强、思维由具象到抽象过渡。高中物理课堂有效教学的要求、深度、广度必须适合这一时期学生的特点，既不能超出学生可接受的限度，又要能够促进学生抽象思维能力的发展。虽然高中物理学习的抽象性给学生学好物理增加了困难，但它对于训练、培养学生抽象思维能力的作用是不容忽视的。学习高中物理一方面可以有效地促进学生抽象思维能力的形成和发展，让学生学会运用符合逻辑的思维思考物理问题，进行精确的物理计算，理智地看待物理现象。另一方面，这种高度抽象对于高中学生认识事物也具有重要的方法论意义。要实现从感性认识到理性认识的飞跃，抽象是最基本的方法，没有抽象，就不可能产生思维形式，当然也就不可能有思维活动的进行。

（四）以物理实验和日常物理现象为基础

物理是一种基于实验的学科。物理实验是一种科学的方法，也是一种物理学的本质特征。物理学理论的建立、发展和检验都是建立在物理实验基础上的，它是一种对自然界的主动探求。为了论证这些假定和预测，科学家们采用了恰当的方式和方法，以便判定假定和预测的真实性。在物理历史中，很多重要的问题都是靠实验来解答的。所以，科学的研究是非常重要的，物理实验更是重中之重。物理学的各个概念的确立、原理和定律的探索都离不开扎实的实验依据。目的不是探究，而是培育，是为了传授和培育学生。物理实验是理想的，是通过减少干扰而进行的，它是经过仔细计划和准备的，因此，它的作用很大。诺贝尔物理学奖是当今受关注的，该奖项自首届颁发以来，迄今已有将近150人获奖，而获奖的人中有73%是因为实验物理的发现和发明。另外，从现代认知心理学角度看，只有物理现象在学生头脑中形成一定的表象，学生才能通过概括、抽象等思维过程，摆脱具体的物理现象，进入物理思维，从而实现从感性到理性的飞跃。假如没有必要的物理现象作为学生的感知基础，就不能使学生在头脑中形成必要的物理表象，而没有内化了的物理表象素材，学生的物理思维也就无从谈起，只做大量物理难题而忽视了对物理现象本质的认识，忽视了对物理概念的形成、物理规律的得出过程的分析与讨论，这样的学习只能是机械地记忆。因此，高中物理课堂有效教学要借助生动、形象的物理实验现象和大量的日常物理现象，为学生的物理学习创设必要的物理情境，要将物理实验的演示和操作以及日常物理现象的概括提高到物理知识教学、掌握方法的高度上来。此外，物理实验教学在学生学习物理的过程中还对学生非智力活动起着十分重要的作用。学生实事求是的科学态度、一丝不苟的工作作风、娴熟的动作技能等的培养都离不开物理实验教学。

（五）设疑激趣，创设认知冲突

根据皮亚杰的认识发展理论，"人的认识模式是随着对新情况的吸收和顺化（顺从）而发展起来的"。通常情况下，一个人在面对新的挑战时，都会尝试用原来的模式进行融合，如果能够达到目的，那么就会达到一个短暂的平衡。当一个人在原来的图式中不能吸收外界的信息时，他就会进行顺应，调整或者重构新的模式，直到获得新的认知平衡为止。这种融合和顺变的关系，即认知的调整，即人的智力本质。高中物理课堂有效教学设疑激趣，创设认知冲突，就是要通过具体的物理情境，让学生对同一物理事实的两种不同的认知结构之间的矛盾产生疑问和兴趣；或者使学生对某一物理现象的原有认知结构和真实的物理现象之间产生矛盾，由此导致了人们认识上的矛盾。在影响学生认识过程的因素中最重要的就是认识矛盾。教师要善于运用物理的内部关系，从不同的方向、不同的角度提出问题，要生动、有趣，要与新的知识紧密结合，引发学生的疑惑、惊讶、诧异等情绪，使学生面对急需解决的问题，同时使学生觉得现有的问题无法很好地处理，导致认识上的不协调和不平衡。高中物理课堂有效教学设疑的具体方式多种多样，概括起来大致有：可利用有趣的出人意料的物理实验，利用学生容易出错的物理问题，利用数学推导出来的结果与物理意义的矛盾，利用稀奇的自然现象、物理学史实、日常生活实例、趣闻、貌似相同的问题的对比、似是而非的问题的回答等。高中物理课堂有效教学设疑激趣，创设认知冲突这一特征与我国古代大教育家孔子主张的"不愤不启,不悱不发"是一脉相承的,都是主张教学充分考虑学生的求知愿望。

(六)教学方法和手段多样化

在实践中应注意采用各种不同的教学方式,以达到更好的教学效果。实践表明,在教育活动中,培养知识、培养能力、发展智力,不能仅以单一的方式进行,而是要将各种教学手段有机地融合在一起。之所以要把各种教学手段有机地融合在一起,主要是因为以下几点:首先,教学内容的差异、教学对象和条件的差异必然导致教学手段的差异,教学活动的复杂性和多样性必然导致教学手段的多样性。其次,多种教学手段有机融合取决于学生对教学的主动投入。心理学的调查表明,单一的激励方式很可能使人感到疲惫,在一节课或某一教学过程中,仅采取一种方式,会使人感到精神疲惫;运用不同的教学手段,可以激发学生不同的感觉,使他们积极主动地参与课堂教学。不同的教学方式的本质与功能是不同的。不同的教学方式既有其适用性,也有其局限性。高中物理课堂教学内容大致包含物理现象、物理概念、规律、实验、方法、物理与社会发展、物理与技术应用、物理与生活等方面的内容,这些内容的特点、性质各不相同,在不同的教学阶段要达到的教学目标不一样,面对的教学对象——学生也不同,采取不同的教学方式取得的效果也就不同了。有关研究表明,在教学实践中将各种方法结合起来灵活运用具有必要性。原因除上面的分析之外还有:多种学习方法可以使学生更好地发挥大脑的多种机能,加强记忆力和多种思维的训练,有利于学习和提高学习技能;不同的教学方式可以激发学生的认知行为,激发他们的学习动机,从而为他们的知识发展提供有利的环境;教学手段多元化,有助于提升学生的学习和教学效果。高中物理课堂有效教学手段多样化也是由高中物理知识性质的多样性和学生认知规律所决定的:采取多种手段,即把传统的手段和现代的手段结合起来使用,发挥各种手段的固有优势,达到有效教学之目的。

高中物理课堂有效教学的教学方法和手段多样化也是由高中物理课堂

有效教学的长远目标所决定的。采取多样化的教学方法和手段，对提高学生的创造性和主体性具有重要意义。不论采用何种教学方式和方法，均要从教师、学生、物理知识的本质特征和客观的教学环境等方面入手，采取适当的教学方式，既要加强师生的沟通，又要调动学生的积极性，调动学生的思想意识，使学生掌握物理知识、技能和科学方法，培养学生的智能，培养学生的综合素质。

（七）渗透科学世界观、方法论的教育

在物理学科发展的每个时期，科学家的人本主义思想在其发展的每个时期都得到了充分反映。在高中物理课上，对学生进行科学的认识和方法论的教育是高中物理课堂有效教学的重要特点。高中物理的有效教学目标是对学生物理学的基本理论、基本技术、科学的思想、科学的态度、科学的作风和行为的培养，从而逐渐使其树立起正确的世界观、人生观，形成健全的个性，运用科学的辩证方法论、树立健全的个性，从而在社会上适应并承担起对他人和社会的义务，进而成为一个健康的社会人。当代教育理论从重视知识成果向重视知识成果与获取知识的进程转变。在物理学的发展过程中，发现了很多新的理论和方法，这些理论和方法极大地促进了人类的思想观念和文化传统的转变，使人类的世界观、方法论和认识观念发生了巨大的变化。正如爱因斯坦的广义相对论那样，它们改变了人类的世界观、方法论和认识论。高中物理课堂有效教学渗透的科学世界观和方法论是介于一般哲学世界观、方法论和物理学本身的学科研究方法之间的中间层次的世界观和方法论。例如，对自然界运动规律的基本看法是遵循简单性、对称性、因果性等原则，这些看法也是自牛顿以来一直到爱因斯坦等一大批自然科学家深信不疑的科学信念。从物理学的发展历史和高中学生认知水平发展规律的角度看，高中物理课堂有效教学渗透的科学世界观和方法论主要还是经典物理学的物理思想和方法。物理学反映了物理学家的世界观、价值观和人生观。物理科学的形成、传播、发展并不是脱离自然和人文环境的超现实的过程，而是与自然、人的思维及社会密切相关的。由此可见，高中物理课堂有效教学

具有优越的理性认知价值和伦理、哲学及真善美价值。

（八）联系社会生活、生产实际

人本主义心理学家罗杰斯主张，倘若要使整个人都参与学习，就要使学生左右半脑共同发挥功用，意义学习是最好的办法。意义学习将逻辑思维与直觉、理性与情感、概念与经验、观念与意义相融合。如何在高中物理课堂有效教学中实现意义学习？首先，从物理学的发展来看，现代物理学越来越深刻地向社会生活、生产实际的各个领域渗透，这不但是由于物理学与科学技术、工程技术紧密联系在一起，还由于物理学的思想方法与社会科学的研究息息相关。另外，从学生的学习心理看，高中生正处在好奇心强、求知欲旺盛、兴趣广而多变的时期，他们的理解能力、抽象思维能力、独立操作能力等都处在逐渐提高的时期。高中物理课堂有效教学从物理学本身的发展特点和学生学习物理知识的心理特点出发，关注学生在现实的生活环境中几乎每天都会遇到或了解到的与物理学相关的现实生活问题与实际社会现象，充分地利用社会生活、生产实际中的与物理学密切相关的问题来激发学生对物理学习的热情和追求。物理知识和技能、物理思想和方法只有镶嵌于具体生动的情境中，才能更容易被学生理解和掌握，也才能使学生更容易把学到的物理知识、物理思想方法等在广阔的领域进行迁移。如果物理课堂教学过于模式化、抽象化，远离现实生活和生产实际，就可能使学生难以将课堂上学习的物理知识灵活地加以运用。长此以往，还会造成学生对物理学习感到枯燥乏味，失去学习动力。如果教师将物理问题呈现给学生时，这些问题是他们十分熟悉的实际问题或与实际问题密切相关，就容易激起他们求知的主动性和思考解答问题的兴趣与欲望。问题与生活、生产联系得越密切，学生求知的兴趣与欲望就越强烈。久而久之，就培养了学生运用所学的物理知识去分析思考乃至解决所遇到的各种现实问题的习惯和能力。因此，联系学生关注现实和需要解决的问题，是高中物理课堂有效教学实现意义学习的一大特征。孔子曰："知之者不如好之者，好之者不如乐之者。"学习的浓厚兴趣不但可以促进学生深入、牢固地掌握已获得的知识，而且使学生对知识应用于实践的活动持有异乎寻常的热情。这样的物理学习才能有效地促进学生积极的情感态度与价值观的形成。

三、高中物理课堂有效教学的结构

高中物理课堂有效教学的构成，即高中物理课堂有效教学所应具备的各因素及其相互联系。教学论对教学要素的分析存在不同看法，有"三要素""五要素""七要素"等，这些看法的立足点在一般的课堂教学上，这里以高中物理课堂有效教学为切入点，探讨高中物理课堂有效教学的特点。因此，本研究提出的高中物理课堂有效教学的要素是具有学科教学个性的特质性要素。根据本研究对高中物理课堂有效教学含义的理解，高中物理课堂有效教学的目标是充分促进学生在物理知识、技能、科学方法、科学思维方式、情感态度以及科学价值观等方面的进步与发展。这一目标就是新课程改革所提出的教学目标在物理学科中的具体体现。结合高中物理课堂有效教学的含义，高中物理课堂有效教学的特质性要素包含以下六个：物理概念的获得、物理规律的掌握、物理实验操作技能的培养、数学工具的使用、科学思维方法的彰显、科学精神的渗透。这六个要素与新课程教学提出的三维目标是有机统一的。也可以说这六个要素是三维目标在高中物理课堂有效教学中的具体落实。三维目标与六要素的对应关系如下：

首先，从内容上看，新课程提出的三维目标中的知识与技能目标与高中物理课堂有效教学六要素中的物理概念的获得、物理规律的掌握、物理实验操作技能的培养相对应，新课程提出的三维目标中的过程与方法目标与高中物理课堂有效教学六要素中的数学工具的使用、科学思维方法的彰显相对应，新课程提出的三维目标中的情感态度与价值观目标与高中物理课堂有效教学六要素中的科学精神的渗透相对应。

其次，从关系上看，三维目标之间的关系是一个全面统一的关系。具体可以说知识里面蕴含着能力、态度和价值观，教学过程与方法首先是知识教学的过程与方法。所以，实现立体的教学目标，即实现三维教学目标，也即实现能力的培养、态度与价值观的形成、认识过程的理解和运用的学习方式，实现三个不同的教学目标的有机结合，实现多个立体的教学目标。高中物理课堂有效教学六要素也是整体统一的关系。物理规律的掌握和物理实验操作技能的培养以物理概念的获得为基础；数学工具的使用和科学思维方法的彰显在物理概念的获得、物理规律的掌握以及物理实验操作技能的培养中得以体现，同时物理概念的获得、物理规律的掌握以及物理实验操作技能的培养也必须借助数学工具和科学思维方法；科学精神的渗透是贯穿于前面五个要素之中的。因此，高中物理课堂有效教学的结构包含的六个要素是相互依存、相辅相成的，它们不能割裂开来孤立存在，在分析时做六要素的划分是为了研究的方便。

第二节 高中物理课堂教学模式与教学方法

一、高中物理课堂教学模式

课堂教学模式是教学论发展中一个新的研究课题，从乔伊斯和韦尔等出版的《教学模式》起，教学模式的研究已经被越来越多的学者和专家关注。认识教学的发展历程，可以帮助教师更好地认识现代教学的不同形式，从而更好地掌握教学的发展方向。

（一）课堂教学模式的定义与演变

1. 模式与教学模式

模式是英文模型的中文翻译。模式也可以理解成"模型""范式""典型"等。模式是一种在近代科技领域中的概念，它是介于实践和理论之间的"一种简单的理论的复现"。在教学中引进了模式的概念，反映现代教学论研究的一种新的发展趋势，即运用现代科学方法论，综合地探讨教学过程中各种变量间的相互作用及其多样化的表现形式，动态地研究教学流程中各个环节的构成样式及其具体的操作程序。

"教学模式"一词现已被广泛使用，但关于它的界定、内涵却有着各种各样的解释，大体上可以分成四种观点：第一种观点是教学的方式是教学方式的范围，或是教育的方法。也有人说"常规的教学方法俗称小方法，教学模式属于大方法"。第二种观点把教学模式归入教学程序，认为"教学模式是教学过程中一种相对稳定的教学程序，即教学工作应当遵循的步骤"。第三种观点认为教学模式与教学结构的概念有关。例如，"教育模式是以某种教育理念和教育理论为依据，在实际生活中所构成的一种教学行为的基本框架"。另一些学者认为，"教学模式是以某种教育理念为导向，以特定的话题为中心，以不同的要素、不同的关系来整合"。第四种观点是由美国学者乔伊斯提出的，他提出，"教具，即形成一门课、一门功课、选择教材、指导教师活动的一种范例或方案"。

上述几种观点反映的仅是教学模式的不同侧面，而没有反映它的本质。

持"教学方法"说者将教学模式简化了，教学模式包含教学方法，但绝不是一般意义上的方法，也不是各种教学方法的综合。

持"程序"说者和"结构"说者仅是将教学模式纳入教学过程和教学结构的范畴，也非严格的科学定义。而范式或计划指的只是教学模式的外在表现形式，并不能说明其内涵特征。

从总体上分析，教学活动的构成可以分为静态与动态两大部分。其静态结构主要是教师、学生、教学内容三个基本要素在教学活动中的地位、作用与相互作用。其动态结构则是教学流程中的组织方式与程序安排。任何一个教学活动的静态和动态结构形式总是在一定的教学理论指导下，依据一定的教学目标构建的。由于教学理论或教学目标不同，教学过程中诸要素的组合样式、组织形式和实施途径各有差异。教学是以某种教育理论或教育理念为依据，对教育的具体操作进行抽象化归纳，从而构成一套完整的系统。它既不是纯粹的教学理论，也不是具体的教学方法，而是理论与实践的结晶，是把一定的理论转化为实践，又把实践提升为理论的中介、桥梁。从本质上看，它属于教学方法论的范畴。

2. 教学模式的演变

20世纪90年代，"教学模式"的概念和学说应运而生。然而，在中西教育的实际与教育理念上，教学的基本形态早已形成。

传统的传授法是传统的教法，它的结构是"讲—听—读—记—练"，它的特征是教师不断地向学生传授，而学生则是被动地机械地接受，课本上的内容和教师的解释基本上是一样的，而学生的回答也和课本或者教师所说的一样，他们只是在死记硬背。

到了17世纪，由于学校里引进了自然科学和直觉的方法，实行了班上的教学，夸美纽斯认为应该把讲解、质疑、问答、练习统一起来，并把观察等直观的活动融入教学系统，第一次采用了"感知—记忆—理解—判断"的程序架构。

19世纪，科技实验蓬勃发展。赫尔巴特的学说与那时的科学发展有一定的联系。他运用了一种统觉理论，对人类的思维活动进行了探讨，他指出，在学习中，只有把新的体验与形成了心理学的统觉团中的观念相结合，才能使学生获得真正的认识。因此，教师要做的就是挑选合适的教材，用恰当的步骤来引导学生，使他们能够有一个良好的学习环境。在此基础上，赫巴巴特建立了四个层次的教学模式"清晰—结合—体系—方式"。后来，他的学生把此模式发展成"准备—暗示—结合—归纳—运用"的教学。

上述几种教学模式存在着共同点，即忽略了学习者的主动性，偏重于对知识的渗透，从而在一定程度上抑制了学生的个性发展。因此，19世纪20年代，由于大工业的发展，注重个体发展的观念广泛地渗透和普及，赫尔巴特的传统教学方式遭到了冲击，杜威的实用主义教育理念为人们所重视，从而推动了教学方式的进一步发展。

杜威的教学模型是基于实践的，是基于"做中学"的"以学生为本"的教育理念的。该模型的基础步骤是：建立情境—确认问题—拥有数据—提出假定—验证假定。它突破了传统的单一教学方式，克服了赫尔巴特的传统教学方式的弊端，注重培养学生的主体性，注重实践，培养学生对探索的兴趣，提高学问题的求知和解题能力，开拓了一条新的教学途径。

但实践型的教学方式也存在一定的弊端：将教学与科研活动相混淆，淡化了教师的引导功能，只注重学生的直观体验，而忽略了对学生进行全面的认识，从而导致了教学效率低下。所以它在20世纪50年代遭到了猛烈的社会批判。

20世纪50年代以后，由于科技进步，我国的教育界发生了一场新的科技变革，促使人们运用新的科学方法对学校的教育与教学进行科学的探索。近代心理学与思维科学对人类大脑的行为机理进行了揭示，发生认识论总结了个人的认识历程，认知心理学关于人类大脑的信息接收与选择，尤其是系统论、控制论、信息加工等方面的研究，对教育的发展有着深远的意义。因而，在这一时期，教育界涌现了很多新的理念和新的理论，而新的教学方式也应运而生。

（二）课堂教学模式的特征与结构

课堂教学是教学的基础，在教学实践中，每位教师都会有意地或无意地遵循某种教学方式，理解这种教学方式的特点与结构，有利于在教学中更好地发挥其作用。

1. 课堂教学模式的主要特征

教学模式作为一个完整的功能系统，有区别于其他系统的特征，其主要特点如下：

（1）有针对性。任何一种教学模式都必须以特定的教学目标为中心，并且每种教学方式的实施都要具备相应的条件，所以没有一种普遍适用于所有教学活动的模式，也没有哪个是最佳的。从某种程度上讲，只要能达成具体的目标，就是一种有效的教学模式。所以，教学应注重各种类型教学模式的特征与表现，并注重其指导作用。

（2）操作性。课堂教学模式操作性的特点是指任何一种教学模式都应该是便于把握、理解和运用的。教学模式如果不具有操作性，就难以让人把握、模仿和学习，以至于教学模式难以发展到今天比较完善的层面。同时，教学模式是一个程序，是一个完整的系统，从某种程度上讲，运用教学模式就是依照某种规则进行教学。

（3）开放性。教学模式是随着教学实践、教学观念和教学理论的变化而不断进步的。虽然教学模式一旦形成，其基本结构就具有一定的稳定性，但是，这并不意味着一种教学模式的构成要素、内部结构不会发生变化。一个教学模式在形成初期只是一个雏形，很多东西还不完善，需要在实践中不断地检验和完善。五段教学模式的发展历史就可以充分说明这一点。赫尔巴特起初建议采用四个阶段的教学方式，但他的学生在以后的学习过程有新的经验和想法，从而把四段教学模式中的第一段分为两步，逐步形成了现在的五段教学模式。

（4）完整性。教学模式是教学实践与理论的有机结合，具有一整套体系和一系列操作要求，既体现了理论的合理性，又反映了实践中的"有始有终"。它是一定教学理论的简要形式，又是一个完整的过程与体系。

（5）稳定性。几乎所有教学模式的定义都强调了教学模式应具有相对稳定性。这是因为教学模式不是从个别的、偶然的教学实践中产生的，这是对许多教学实践的一个理论总结，从某种意义上体现了教学实践的普遍规律。此外，从实际出发，科学性和普遍性是其稳定的基石，而稳定则是其存在的前提。然而，这种教学模式的稳定性具有一定的相关性。特定的教学模式往往与社会、经济发展程度以及人们对教学的认识有关。人类对于教育目标的认识在改变，技术进步的同时，也在改变着教学模式。

（6）灵活性。教学模式是比较稳定的，但不能否定它的弹性。教学模式的灵活性一方面表现为对学科特点的充分关注，另一方面则表现为教学方法的多样性。教学模式中的程序需要起到普遍参照的作用，因此一般情况下教学模式并不涉及具体的学科教学内容，而只是对教学内容的性质提出特定的要求。同时，教学模式作为某种教学理论或思想在教学活动中的具体表现形式应受到学科特点、教学内容的影响和制约，教师必须考虑学科特点和教学内容的积极调整。

2. 课堂教学模式的基本结构

任何一种教学模式都有其固有的规律。教学模式的结构是指各种因素按一定的规则组合而成的体系。

（1）教育理念从原理上讲，教学模式是某种教育理念和教学思想的体现，是在特定的理论基础上形成的一种教学行为准则。教育理念的差异导致了教学方式的差异。其中，概念获取模型与先导结构模型的建立基于认知心理学的学习理论，而情境建构模型的理论基础是人的自觉心理活动与潜意识的心理活动、理性与情感活动的结合。

（2）教学目标。教学目标是以教育目标为中心的，影响着各种教学方式的因素，影响着教师的教学行为，影响着教师与学生之间的互动，是教师和学生之间的互动和评价。教学模式和教学目标之间存在着强烈的内部一致性，不同的教学模式，都是为了实现某种教学目标而存在的。

（3）作业流程。每个教学模式都具有一定的逻辑性和可操作性，它明确了教师在课堂上应该先做什么，然后做什么，每个环节应该做什么。

（4）实施情况。实施情况受教师、学生、内容、手段、环境、时间等多种因素的影响。

（5）评价教师的能力。教学评价是一系列教学活动所独有的评价手段、评价指标，以完成教学任务，达到教学目标。不同的教学模式要实现不同的教学目标，采用不同的过程，因此，评价的方式和标准也会有所不同。

3.物理课堂教学模式介绍及举例

（1）情境教学模式。

①情境教学模式简介。

第一，界定。情境教学模式是指在教学过程中，利用多种教学媒介，创设充满美感和聪明才智的情境，并利用暗示、移情的方法，使学生感受到特定的意象，产生外在的印象，从而获得认识，并借助特定的情境来获得正面的情绪。与其他教学模式不同的是，情境教学模式通过创设具体情境，将学生置于某种特定的氛围中，形成一种心理环境，使学生产生移情效应，获得在其他情况下无法得到的情感。这样，从刺激学生第一信号系统出发，由感知深入思维和情感领域，引起学生认知与情感的变化。

第二，理论基础。情境教学模式的心理学基础是人本主义心理学理论。人本主义心理学的代表人物是马斯洛和罗杰斯，他们把人作为一个有思维、有情感的统一体加以研究，也就是说，作为教育对象的学生是健全的、完整的人，他们的认知、行为和情感是紧密相连的统一体，在很大程度上，人的情感会对认知和行为起决定作用。

人本主义心理学强调人的潜能和价值，反对把学生看作知识的被动接收者，认为教学要以学生为中心，把注意力放在学生身上，创设良好的学习气氛和环境，激发学生的潜能，激发他们的创新能力。人的潜力与价值与社会条件之间存在着内在和外在的联系。潜力是主要的，是有价值的，而环境是制约或推动潜力发展的。因此，良好的环境是促进学生内在潜能和内在价值发挥的重要途径。

情境教学模式在理论方面还吸收了活动课程理论。活动课程理论十分重视教学中师生之间的合作关系与情感交流，认为教学要充分调动学生的积极主动性，发掘学生的潜能。因此，在师生共同参与活动的过程中，教师或学生越少意识到自己在施教或受教就越好。虽然活动课程理论就传授知识的系统性而言，存在着很大的局限性，但是它重视创设活动环境，在激发学生情感、培养学生思维习惯和解决问题的能力方面有着积极意义，这为情境教学的实施提供了理论基础。

第三，教学原则。在实施情境教学模式的过程中，要遵循情境适应原则、情境激发原则以及情理统一原理。

a. 情境适应原则。情境教学的基础是为学生提供必要的恰当的情境。情境教学的一个重要特点就是运用多种教学媒体，把与教学内容有关的情境全貌呈现在学生面前，让学生在整体情境的把握中展开认知。但是，出现的情境必须符合学生的知识背景和认识能力，把需要解决的问题及要形成的概念，有意识地巧妙地寓于恰当的情境之中。这些情境要有充分的适应性，必须适应学生的认知水平，这样，学生才会主动去适应情境，产生兴趣，达到智力活动的最佳状态，完成对情境问题的探究。因此，情境设置要符合三个要求：情境信息要有一定量度，情境问题要有一定难度，情境所包含的问题要符合学生探究的深度。

b. 情境激发原则。情境教学的关键是设法使学生的情感激发，达到移情境界。情感是与人的意识紧密联系的内心体验，具有强烈的情境性、稳定性和长期性。学生的情感不能用灌输的方式或强制的手段培养，只有在特定的情况下才会被触发，才会有情绪上的反应。情境教学中的情境应注重营造出一种强烈的气氛，让学生对所处的环境产生特定的感情，进而引发相应的情绪。在此基础上，学生的情绪会不知不觉地转移到与其有关的教学环境中，在这种情况下，学生的情绪会逐渐变得深刻，最后，情绪的扩散会渗入学生的心灵，这种情绪最基本的价值观念会逐渐地被人所接受。

c.情理统一原理。情境教学的目的，一是激发情感，二是形成认知。因此，情境、情感、理智三者和谐统一是教学追求的最佳境界。情理统一原理包括两方面内容：首先，情境教学的创设必须体现一定的知识、概念和规律，引导学生进入角色，激起其情绪，引发其思考，使其从具体形象感知中产生真挚情感，达到情感与理智的统一。这个过程是一个统一的、和谐的教育过程。其次，情感的激发并非孤立进行，而是与发展认知、掌握知识结合在一起的。在学习的原始动机里，在具体活动中和最后的效果上都有学生的情感。

② 情境教学模式操作程序。情境教学是生动、具体、形象的教学模式，运用情境教学模式时，一般分为四个阶段。

第一阶段：创设情境。创设情境要以教学目标、教材许可程度和学生已有条件为出发点，其类型大致可以分为两种：一种是实在的情境，主要通过教学媒体来创设，一般有以下几类，即实物媒体、光学媒体、音像媒体和影视媒体。另一种是虚拟的情境，如通过角色扮演、戏剧表演、形象模拟等方法，创设一种教学情境。

第二阶段：观察想象。面对情境设置，学生需要在教师的指导下，有目的、多角度地观察，使头脑中积累的旧知识和观察到的表象重新组合。这一环节是情境教学的关键，是使教师的教与学生的学相互融合的基础与条件。

第三阶段：激发情感。激发情感与观察是同步进行的。教师除了要有意识地利用情境激发学生情感外，还要发展学生的积极情感，引导他们去探究问题，并且适时地进行思想教育。

第四阶段："情能"转化。在教学组织中，创设情境是基础，观察想象是方法，激发情感是动力，"情能"转化是目标。"情能"转化就是让学生的学习由情境体验转化到智能发展上来，其转化方法就是应用。智能发展有三个水平层次：第一是掌握；第二是活用，学生能将所学到的知识在新的情境中灵活运用；第三是创造，学生将知识应用到新情境中并有所创新。

（2）尝试教学模式。尝试教学模式的做法是在课堂教学中，教师先不对学生进行教学内容的讲解，而是大胆地让学生试一试，做对了很好，做错了也无妨。本研究对实验课采用尝试教学模式，教师会针对实验中出现的问题进行解释。

① 尝试教学模式简介。

第一，界定。尝试教学模式就是让学生在尝试中学会，而不是教师先给学生解释，然后让学生自己去做。首先，教师提问，让学生在原有知识的基础上，学习课本上的内容，然后进行小组的探讨，并凭借自己的能力，用自己的方法来解决问题，然后老师就会针对这些问题，结合教材中的要点，进行详细的解释。当代教育应充分发挥教师的主导作用和学生的主体作用，为学生创设一些有利的教学环境，以保证尝试的顺利进行。

根据尝试教学的实质，可以把尝试教学模式分为三类：基本模式，主要适用于一般情况的常用教学模式；灵活模式，灵活运用基本模式的变式；整合模式，一种将实验与其他教学相结合的教学模式。

第二，从理论上探讨实验教学的方式。尝试教学是将学生作为学习的主体，因此，它主要体现了以学生为本的思想。

a. 充分体现以学生发展为本的思想。现代教学论的核心是以学生发展为本，教学必须建立在充分尊重学生、相信学生的基础上。尝试教学模式的核心是学生能尝试、尝试能成功、成功能创新。这些观点的提出表明教师充分相信学生、尊重学生。

传统的教学模式认为学生是无知的，教师必须把知识讲得明明白白、清清楚楚，学生才能够理解和掌握，在此基础上，再让学生进行练习。这种讲授、练习的教学模式在一定程度上体现了教师对学生的不尊重、不信任，教师不相信学生经过尝试可以自己掌握知识。尝试教学模式让学生先试做练习，这是充分发掘学生的潜能、激发学生的学习智慧的体现。因此，它充分体现了以学生发展为本的教育思想。

b. 符合学生认知规律和教学规律。尝试教学模式的"提出问题—学生尝试—教师指导—学生再尝试—再实践—解决问题"的过程符合学生的认知规律，也反映了实践—认识—再实践的知识获得规律。

尝试教学模式的一个特点就是根据学生的认知规律，把学生的认知过程放在课内完成。这样可以保证学生的尝试活动在教师的指导下进行，教师可以有目的、有步骤地为学生创设尝试的条件；学生在尝试过程中发生困难或错误，教师可以及时辅导和帮助。

② 尝试教学模式操作程序。尝试教学的一般操作程度为准备练习、出示尝试题、自学课本、尝试练习、学生讨论、教师讲解、第二次尝试练习。对于本研究，具体步骤如下：

第一步：准备练习。本步骤为实验教学的前期，应做思想和知识两方面的准备。准备就是要营造一种"试"的气氛，使学生"试"的积极性得到提高。"七分熟"是指新的知识都是从原有的知识中拓展和发展起来的，而尝试教学的秘诀就是用以前的"七分熟"的方法去掌握新的"三分生"。因此，要做好"七分熟"的"老生常谈"。教师需要给学生创造一个试错的机会，首先要做好准备训练，再把新的内容引入新的学习，强调新知识和旧知识之间的联系，从而为做好实验题做铺垫。

第二步，请学生做一次实验。这一步骤是提问，给学生的实验活动提供了一个作业，并且明确实验的目的，使他们能够在问题环境下完成实验。实验问题是实验课的起点，会对整个实验课产生深远的影响。实验题的编写与设计是运用尝试教学模式的重要步骤，是在准备过程中要注意的问题。

第三步，学习教科书。实验试题并非教学目标，它能诱发学生的学习动机，组织定向思维。学生在学习过程中不断摸索出一些新的方法，使他们能够自主地获得自己的知识和学习技能。学习教科书充分利用了学生的主体性，使其与教师、教科书的引导功能相融合。所以，这一步不仅仅是让学生去读一本书，它更需要一个非常复杂和有意义的教学流程。

自学课本使学生在自己的学习过程中，能够找到正确的解题方式和思维方式。这一步要注意以下几项内容：

首先，要有时间上的保证。要让学生有充分的时间进行自学，不能因为时间紧而让自学课本流于形式。在现实中，有些教师只留极少的时间给学生进行自学，学生只能初步地看看书本后就尝试做题了，这严重影响了尝试教学的效果。

其次，自学课本需要激发学生的兴趣。兴趣是学生学习最好的导师。尝试教学中教师要注意激发学生的兴趣，使学生从教师要求自学转变成自己进行自学，从课本中寻找自己需要解决问题的答案。

最后，学生自学课本还需要教师指导。学生由于学习能力还没有达到一定的水平，在自学的过程中，教师要对学生进行指导。由于学生的学习能力有差异，教师对学生的指导也要因学生能力的不同而有针对性地开展。对自学能力强的学生教师只要提示一下重点即可，对学习能力中等的学生教师可以在学生自学过程中适时进行指导，而对自学能力不强的学生则要一步一步领着学生学习。

第四步，多做一些练习。提出实验问题是引导学生学习教科书的一种方法，而实践活动是对教科书学习效果的测试。这一步在实验教学中具有承前启后的作用。做好尝试练习，最重要的是及时了解学生的反应：实验问题是不是对的？什么地方出了问题？有多少错误？出现错误的原因是什么？学生了解了这节课学的什么，什么是仍然存在的问题？对于那些有学习障碍的学生来说，他们所遇到的问题是什么？

在进行实验作业时，教师要注意观察：一方面，及时了解学生的答案，并及时掌握问题的反馈；另一方面，对有学习有障碍的学生进行适时指导。

第五步，让学生进行交流。在学生尝试练习之后，教师发现有正确的和错误的，以及学生对知识新的认识。学生讨论是为了检验自己的努力是否正确，需要说出解决问题的想法。这样既可以提高学生的语言表达能力，发展他们的思维，加深他们对课本的了解，又可以揭出他们在学习新知识中所出现的不足，从而使教师能够更好地进行有针对性的教学。讨论通常从审读题目入手，不能就题目进行探讨，而要结合事先安排的思考题来进行。

第六步，教师解释。通过实验练习、学生讨论等方式获取学生对新知识的认识水平的反馈，然后由教师进行有针对性的重点说明，确保学生能够系统地学习所需的知识。

教师的讲解要适度。学生在前面已经有了自学基础，在尝试练习的过程中也暴露出了自己的弱点，因此教师在讲解的时候要根据学生暴露的问题有针对性地进行讲解，而不是将课本的知识再从头到尾讲一遍。有针对性地讲解一方面提高了教师的时间利用率，另一方面提高了学生学习的效率。

第七步，第二次尝试练习。这一步是对学生的学习状况再做一次了解和把握。第一次的尝试练习是在学生自学课本的基础上进行的，学生是在对课本知识自我了解的情况下完成的。而第二次的练习则是教师在对学生第一次暴露问题，在学生领悟的基础上进行的。通过第二次尝试练习，教师可以再一次了解学生掌握新知识的情况，以及通过练习巩固和加深学生对新知识的理解。当然，第二次尝试练习的问题与第一次尝试练习的问题既有相关联系，又有适度的变式。

在第二次学生尝试练习后，教师同样要就学生的尝试情况组织学生进行探讨，根据反馈信息进行个别指导。

尝试教学模式的七个步骤是一个紧密相连的有机整体。七个过程通过教师一步一步引导，学生在自主学习的基础上温习旧知识，掌握新知识。

（3）探究教学模式。

①探究教学模式简介。

第一，界定。关于探究教学的思想最早可以追溯到苏格拉底的"产婆术"和孔子的"启发式教学"。而为探究教学奠定了思想基础的还是法国教育家卢梭，他提出了人与生俱来就有探究欲望的观点。美国教育家杜威最早提出了"问题学习法"——要用探究的方法学习科学，还概括出了科学探究的五个步骤。杜威的五个步骤使探究教学从理论层面向实践层面推进了一大步。施瓦布把探究性的学习看作一个人在探究客观的对象时，在自己的主观思考中，自觉地参加自己的知识获取，培养自己的探究性的意识，并具有一定的求知欲；与此同时，对了解大自然的必要的科学观念也逐渐产生，从而养成对新事物的正面态度。

第二，教学思想。施瓦布首先在"科学的本性是在不断改变的"的基础上率先提出了探究式的教学模式。他以"作为探究的科学"和"通过探究教学"的思想构建了"探究性"的"探究式"的研究方法。他认为，不能将科学知识视为绝对的事实，而应该将其视为有根据的结论；在教学中，要体现学科特色的探究方法，如问题解答、探究叙事等，要以探究的形式传授，并让学生以探究的形式进行学习。

发展建构主义十分重视学生的主体地位、积极性与主动性，并认为学习不是被动地接受信息的刺激，而是主动地建构意义，是根据自己的经验背景，对外部信息进行主动选择，通过新旧知识经验间反复的、双向的相互作用而获得自己的意义。在探究教学模式中，学生是学的主体，教师是教的主体，是整个教学活动的设计者、组织者和引导者。教师的主导地位不能削弱。教师对问题理解的深度、广度以及解决问题的速度等一般都要强于学生。探究教学是在教师的启发引导下，学生积极主动地完成知识的建构。教师是启发式地教，学生是探究性地学，两者的有机统一构成探究性学习。辩证建构主义理论认为教学的意义是指导发展，而不是跟在发展的后面产生影响。这些都为探究教学模式奠定了理论基础。

第三，教学原则。教师运用探究教学模式要遵循学、退、悟三个原则。

所谓"学"是指教师要研究学生，研究学法。备课时，教师不仅要认真钻研教材，还必须研究学生遇到问题时将会怎么想、怎么做，进而探究如何引导学生打开思路。总之，教法要受学生支配，服务于学生，按学生探究的规律去教，才会使学生学得主动，学生也才能主动探究。

所谓"退"是指探究教学模式着眼于能力，要循序渐进，使学生善于挖掘自身知识和思维的潜力。"退"，就是把未知转化为已知，由新忆旧，化抽象为形象，由一般举出特例，把复杂分解为简单，"退"到已知和已有能力的基础上。"退"是探究教学模式的主要特征之一。"退"的目的是打开思路，"退"的关键是"转化"。常用的九条"退"法为观察、举例、画图、分解、温故、逆向、反向、比较、猜想。

所谓"悟"是指解决问题，学会研究。"悟"的关键是"调节"。学生思维的主动性发挥出来了，思路开阔了，必然出现"放"的形式，其中有正确的，也有错误的，教师要通过比较评价，择优集中。对错误的要正视，要引导，要以错为鉴，就要出现"收"的形式。这就教师善于调节学生，调节过程，使课堂有张有弛，有进有退，有对有错，有快有慢，相辅相成。对于学生，学会调节，才能学会学习，学会探究，才能领悟理论。指导学生"悟理"，就要发挥教师的主导作用，及时进行反馈调节，引导学生集中思维，组织检验评价，培养学生领悟理论的"进"法，主要是调节、集中、评价和优化。

②探究教学模式操作程序。

第一，怀疑和设疑。怀疑和设疑是在课堂上，教师运用课本或者学生已经有的知识和经历来引导和启发，或者教师对学生所关注的问题进行总结和研究。因为提问涉及整个研究的重要性和价值，所以问题必须具有针对性、实用性和可行性。这一步的目标在于清楚地指出问题所在，并确定其功能。在课堂上问题要有吸引力，以便为学习做好充分的准备。疑问式提问的持续时间较短，通常约为整个课堂时间的10%。

第二，增强学习动力。提问和引导之后，并非所有的学生都能积极主动地投入探究，这就要求教师加强学生学习的内部动力，激发他们的学习热情。所以，教师必须重视问题的重要性和必然性，把学生的学习动力由纯粹的爱好转变为主动的探究。在课堂上，为了使学生的探究更好地进行，问题需要富有感染性和爆发性。这个时期通常占据了全部课程时间的10%。

第三，分步探究。

这是探究教学过程中最重要的阶段，它在提出问题和强调问题的基础上着手解决问题，即使学生明确怎么样解决问题，其作用是懂方法。在教学中这一阶段要求具有说服力，以利于探究活动的深入。这一阶段占整个教学过程的80%左右，具体又可分为以下四步。

第一步，授法。这一步的中心内容是明确怎么样解决问题，即明确解决问题的要领。其作用在于促使学生领悟方法，时间约占分步探究阶段的10%。

第二步，探究。该步骤的核心工作是逐渐加深问题的解题和积极的探究，其功能是指导实验教学法，大约有50%的实验时间是探究的主要内容。

第三步，运用。这一步的核心是学习自我问题的解题，也就是利用之前的经验来求解相似的问题，既是对探究结果的强化，也是对探究结果的一种测试，其功能是让学生掌握知识。

第四步，总结。这一步的主要目的是确定未来问题的处理方式，归纳探究性研究的主要成果和结论，为以后的同类问题的解决提供指导。

③ 探究教学模式应用建议。探究教学模式改变了传统的教师讲授、学生接受的单一的知识传递局面，它让学生自己寻找解决问题的办法，自己寻求问题的答案。因此，在探究性的课堂中，教师注重发展学生的智能，发展他们的创新意识，发展他们自主学习的能力，使他们能够自主地学习和掌握他们所需要的科学知识。在探究性的学习过程中，教师的作用是激发学生的学习兴趣，激发他们的求知欲，让他们提出问题、分析问题并最终解决问题，从而提高他们的学习探究能力。在探究活动中，教师要对学生进行适当的引导，以帮助他们在探究的时候解决他们在探究中所遇到的问题。

同时，在探究过程中，教师要创设一个有利于探究教学的环境。受传统教学模式的影响，学生习惯了接受式的教学，对于进行探究式教学，部分学生可能会有一定的惰性，不愿意改变，因此，在课堂上，教师要创设一个探究式的学习环境，为探究式教学做好思想准备，以推动学生的探究活动。在探究性教学中，学生作为研究性学习的主体，应依据教师所提出的要求，确定问题、思考问题、掌握探究方式、拓展思维、交流讨论、归纳研究成果。在探究性的课堂上，教师应根据学生的具体情况，采用各种不同的教学方式，激发他们的探究欲望，从而增强他们的探究能力。

二、高中物理学科主要教学方法

（一）教学方法概述

教学方法是指师生在教学活动中，通过不同的途径来达到相同的教学目的的方法。教学法是一种体现某种教学理念、专业特点、师生互动关系，基于某种教育原理而建立的与教学实际相连接的中介环节。

教学方法主要由"老师教"和"学生学"两个部分组成，是"教"与"学"的结合。教学方法要以教学目标为基础，如果没有教学方法，就无法实现教学目标。但是，在教学活动中，教师占据着绝对的优势，因此，在教法和学法中，教法起着举足轻重的作用。

教学与教育的方法是有区别的，但是与教育的方法息息相关。教学方法是一种具体的教学手段，是多种教学手段的综合手段。每一种教学方法都包括一套教学模式，它可以被拆分为各种不同的教学模式；它是一系列能够独立地进行某种特定的教学任务的、有针对性的、能够实现某种教学任务的教学方法。

同时，教学的教育方法与教师的教育方法也是有区别的。在某些具体的教学中，教师可以采用一种或几种不同的教学方式，但并非全部都适合某个具体的教学。所以，有必要根据具体的教学内容来选择一种教学方式。

教学是一种以特定的教育理念为基础，以一种相对稳定的方式进行的较为稳定的教学方法。每种教学模式都有其自身的指导原则和作用。它们在教学方法上的应用，在很大程度上决定着教学的发展。

物理教学方法是针对物理教学的内容和任务为实现物理教学目标而采用的教学手段和教学方式的总称。

物理教学方法既包含适用于一般学科教学的教学方法（如讲授法等），也包括具有物理学科鲜明特色的教学方法（如实验探究）。

（二）高中物理主要教学方法介绍及举例

1. 实验探究教学法

物理是一门以实验为基础的自然学科，因此，通过物理实验探究认识物理现象的本质，获得对世界的认知，并在实验过程中增强实践能力、培养创新意识是高中物理的重要教学目标。

实验探究教学法主要是通过实验情境的创设，引出所要探究的物理问题；通过对实验现象的初步观察，提出对问题的假设；根据对问题的假设，选用适当的仪器或器材；根据假设和器材条件，设计实验探究的方案；依据实验方案进行实验探究，记录实验数据；根据实验数据分析，获得问题的解决，形成对物理本质的认识。

2. 物理概念（规律）教学法

物理学基本理论中最重要和最基本的部分就是物理学的基本原理。在物理概念、物理规律的传授中，在形成概念、掌握规律的同时，也促进了学生认知的发展。

物理概念与定律的传授，通常要经历四个阶段：

（1）介绍题目。本部分的重点在于创设一个有形的情境和感性的认知。观念与法则建立在感性认知的基础上，唯有将特定的物象和物性加以归纳，方能构成实体观念；通过对物理学的演变和概念的基本关系的考查和总结，才能构成物理学定律。所以，在教学初期，教师要给予学生大量的感性知识，主要包括通过实验来展现相关的现象和过程、利用直观的教学工具、利用学生的生命体验、利用学生已有的知识。

所选择的实例和实验实例以利于形成概念、掌握规律，应包含主要类型、本质联系明显、与日常观念相冲突的实例。比如，在引入功率的概念前，提出这样一个问题：一辆行驶着的汽车，速度越快牵引功率就越大吗？并且教师在课前让学生向开车的老驾驶员调查：汽车在单位时间里的油耗与汽车的速度有什么关系？这样的问题情境的创设为学生理解$P=Fv$的含义提供了强有力的意义联系。

（2）确立物理学的基本原理。物理学的观念与法则是人类大脑对感觉物质过程进行的科学抽象。在获取感性知识的前提下，通过提问，指导学生进行分析、综合和归纳，排除次要成分，把握主要成分，发现现象的共性和本质属性，从而帮助学生形成概念，掌握规律。比如，在教授牛顿定律时，最重要的是让学生了解"不被其他事物影响，而维持原来的运动"。然而，这种性质被很多不重要的关系所遮蔽，如果外力不再起效，那么原本在移动的对象就会停下来；外力的持续效应是保持一个物体匀速运动的因素。所以，要正确认识牛顿第一定律的含义，就需要在教学中自觉地指导学生强调本质，舍去其"无"。

（3）对物理学的基本观念与定律进行探讨。教学经验表明，只有了解了，才能把知识牢牢地抓住。所以，在确立了物理学的基本原理和法则之后，教师还要指导学生就这些问题展开探讨，加深理解，主要从三个角度来探讨：一是论述了它的物理含义；二是探讨其应用的范围与形式；三是探讨其与相似的观念、法则之间的关系与差异。在进行教学时，教师要注重解决在教学中遇到的一些问题，从而实现对教学内容的准确把握。

（4）应用物理学的基本原理。首先，在这个阶段，教师既要利用经典问题，又要让学生在自己的讲解和学生的交流中加深学生对所学概念和法则的认识，逐步掌握分析、处理和解决问题的思维和方式；其次，还要通过让学生进行实践活动，指导他们从实践中逐渐总结出具有规律的思维和方法，从而制定问题的解题战略。

3. 物理习题教学法

习题课是一种很有意义的物理课。在讲解几个关键的观念与法则，或是在一个重要的课件后，通常会有一个以解答问题为中心的练习，并适时地对学生进行复习与解决问题的训练。

习题教学法通常由以下几个环节组成：

（1）知识回顾与提炼：形成某一知识应用的问题情境。

（2）知识运用，思路形成：通过对知识特征、知识间前后联系的分析，形成知识运用的思路框架。

（3）问题情境创设：提供有鲜明的情境特征的问题示例。

（4）示范互动，感知运用：运用示例，提炼情境特征，示范分析提炼解决问题的思路，让学生参与分析、解题的过程，通过教师的示范，让学生感知问题解决一般思路的运用。

（5）恰当变式，小步迁移：在示例的基础上，提供恰当的问题变式，让学生自主运用知识和思路解决问题，在问题解决的过程中获得解决问题的技能迁移。

（6）作业跟进，巩固迁移。

4. 六步教学法

六步教学法是全国著名语文特级教师魏书生老师通过多年的教学实践，探索形成的语文教学方法。六步教学法通过适当的改造，完全可以移植到高中物理的教学中。

（1）定向。定向就是确定本节课的教学重点，包括知识学习、能力形成、德育熏陶等方面。确定重点的方式，有时是教师自己提出，有时是由学生提出，也有时是由学生的讨论而定。重点确定之后，教师应把重点写在黑板上。

（2）自学。学习目标已经确定，学生可以根据学习目标，自己深入学习内容，可采用自己最常用的学习方法去学习，去探讨，去寻找答案。

（3）讨论。经过自学后，大部分问题学生能够解决，解决不了的，自己记下来，四个人组成讨论组，研究自学过程中各自遇到的疑难问题。

（4）答疑。分组讨论后，仍没有解决的问题，则提交全班学生解答。如果全班学生解答不了，则由教师解答。若遇到的疑难问题具有普遍性，教师可以予以回答，为了节省课堂时间，一些深奥的问题下课后与学生讨论研究解决。

（5）自测。学生自我检测，检测方式不同。有的学生根据学习重点自己出题，自己解答。有时请一名学生出题，其他解答。有时也可每组出一道题，其他组抢答。学生自测完之后，教师以红笔评卷。这样自测，学生既明确了自己当堂有哪些知识点没有掌握，又明确了经过课后努力期望所能达到的进步。

（6）自结。自结，即学生自我总结，学生自己回忆本节课的学习重点是什么，学习过程有哪几个主要环节，自己掌握的情况如何。自结的形式一般是每个学生坐在自己的座位上进行交流。

从以上对六步教学法的介绍中我们可以看到，这一教学法贯穿了一种教学思想，就是"还学于生"，让学生成为自己学习的主人。

第三节 高中物理课堂有效教学问题透析

一、物理概念、规律教学忽视物理缄默知识的影响

英国物理学家、化学家、思想家波兰尼曾指出："人们有两种认识，一般称为文字或地图或数学方程式，不过是一种认识而已。另一种是无法被系统化描述的，比如我们对自身的行动的了解。我们可以把前者叫作显性知识，把后者叫作沉默知识。"波兰尼在此提出的沉默认识和隐性认识应该是一个意思，也就是"只能用语言去理解"，我们称为缄默知识。波兰尼从认识论的视角对人的知识进行了严密的逻辑性的分析，从而进一步加深了人们对于外在的和内在的认知。尽管我国古人早就意识到"只可意会不可言传的"知识的存在，但这种知识在人类知识殿堂中始终没有占据应有的位置，处于长期被忽视的地位，在长期的高中物理教学中也存在对缄默知识的忽视。

（一）物理教学中缄默知识的存在

物理学本身的特点决定了物理知识也分为显性知识和缄默知识。在物理教学中除了物理学科知识的显性与缄默之分外，还存在大量与教学有关的显性知识与缄默知识。然而，在传统的物理教学中，人们常常忽视物理学科的缄默知识，也忽视了教师的沉默教育。如果把大量缄默知识放到物理教学中，就会牵涉分级的问题。按照不同的标准进行划分，将会产生各种类型。按照缄默知识的使用方式，可以把其分为教师的缄默知识和学生的缄默知识。如果根据缄默知识的内涵再加以分类，其可分为教师的缄默物理知识、

教师的缄默教学知识、学生的缄默物理知识、学生的缄默学习知识、学生的缄默物理方法。在物理教学中，物理教师常常仅仅注重物理的显性知识，将物理的概念、原理、规律、方法等传授于学生，从而使物理的知识在学生的脑海中自动形成。它的教学思想由隐性向显性转变。根据波兰尼的沉默知识学说，其在物理教学中并不是那么容易掌握的。在物理教学中，物理的显性知识只是很少的一部分，而在物理教师的脑海中则包含着许多缄默的物理知识，在物理教师的思想中，他们的缄默和隐性，是他们在物理教学中的一种调节和支撑。在教师向学生传授显性物理学知识，解决采用何种教学方式、教学过程中对于未预先设定的活动选用何种处理方式等问题的过程中，都是教师的缄默知识在有意识、无意识地介入。在物理教学中，学生也受到了教师缄默知识的影响。因而，物理课堂的真实情况可以用"缄默+显化"来表达。在物理教学的研究与实践中，教师往往忽视了学生固有的缄默物理常识。我们常常听到教师埋怨："这个题目，我已经在黑板上说了三次了，而且每次都是在单元测验，现在又有那么多人犯了错误，那我可怎么办啊！"很多时候，学生都会在教师的帮助下，将一道物理问题写在黑板上，从而学会题目的解法。甚至有人在黑板上进行了一些物理实验，认为可以取代学生的实验和教师的示范。上述种种问题都不能被忽略，因为教师对物理学的认识和认识的真实根源都被错误地解读，从而使教师的物理教学长期处于低效状态。

（二）物理教学中缄默知识的特征

物理教学的缄默性有三大特点：第一，物理课堂上的缄默性知识来自对物理实验、生活经验的观察与实践。日本知名学者野中郁次郎指出，缄默的学问是一种非常私人的学问，其根源在于其自身的行动和自身的生存状况。在物理教学中，教师可以通过积极的或消极的方式进行学习，但是缄默的物理教学是由学生积极地进行实践的，也就是亲身经历。对教师和学生来说，这样的缄默知识只有亲身经历才能得到，其他人不可能把它传达给他人。同样，学生会在缄默中获得一些支持，从而减少学习的难度。再如，让学生探索在撞击中的守恒，如果教师只给他们一个详尽的解释，那么，他们就不会掌握一套实践技能，不会去探索科学世界，不会去了解科学世界的思维方式。第二，师生对物理教学与学习的缄默知识存在着片段性与离散性两种特点。在物理教学中，显性的物理和物理教学知识往往具有系统性和结构性的特点，而对教师和学生的缄默的物理教学和学习的缄默知识却不能进行批判性的思考，因为那些仅仅是个体对显性物理学的潜在辅助、支撑和调节，个体若不自觉地思考自己的思想，很少会发现他们的存在和所发挥的作用。这种缄默知识通常都是处于"后台"中的，属于片段性知识，缺乏严密的逻辑思维，因此也带有离散性。比如，当一个人学会浮力的时候，他的大脑就会自动地想到浮力，当他意识到自己的浮力时，他的意识就会被一股无形的力量吸引，当他松开氢气球时，它就会拥有被吸入空气中的力量。第三，师生对教学的缄默知识存在着情境化的特点。在教学中，物理教师对教学的理解和对现实环境的理解不同，在课前的学习中，他们更注重对学生进行系统的教学，而现实中的情境则需要教师及时做出判断和调整。这时，缄默的物理教学知识就会发挥作用，脱离这个特殊的情境，缄默知识就无法"工作"。在物理教学过程中，学生对物理概念和规律的认识都是依靠实际的物理实验或者现实世界的实际现象进行自我建构的，而在教师讲授物理的过程中，学生通过身体的感觉和理智的本能，唤醒了对物理概念和规律的个体认知。不同的学生所掌握的缄默知识和所依靠的情境都不尽相同，造成了其掌握的物理概念和规律的差异。同时，缄默的内容具有很强的语境性质，因此很难用传统的方式来传达，而只能在特定的环境下进行。例如，在物理练习时，教师很难将自己的"题感"直接传达给学生，而学生对于物理问题的理解，则取决于他们所掌握的物理常识，以及他们所掌握的缄默的物理环境的认知。

（三）物理教学中缄默知识的功能

缄默知识在认知和实践中的作用很大，远远没有波兰尼想象的那么单纯和正面。斯腾伯格等的实验结果显示，在获取显性知识时，缄默知识不仅是基础、辅助和引导，而且会妨碍那些不符合或矛盾的显性知识的获得。为让缄默知识更有效地被利用，学者们都同意将缄默的显性化作为其理论基础。因此，缄默知识只要符合认知或练习的目标，便能加以使用和保护；若与认知或练习目标不符，亦能加以约束并加以解决。同样，在物理课堂上，缄默知识也有两种作用：一种是对物理教师的缄默知识的认识，一种是对物理教学的缄默知识的认识，对他们的缄默是有益的。与之形成鲜明对比的是，在物理学中，一些缄默的认识会妨碍物理教师进行有效的物理教学，但能使学生能够更好地进行物理学习。缄默知识在物理教学中起着积极作用，它可以指导教师进行教学，应对突发情况。同时，缄默知识对于学习物理，对于理解物理概念、规律和物理问题也是非常有用的。由于缄默，缄默知识在物理教学中存在着消极的作用，这不仅给师生带来了极大的负面影响，而且使他们偏离了教学目标。另外，因为对自己的缄默的物理学知识缺乏认知和自觉运用，因此，学生通常是借助外在的压力（如纪律、考试、升学等）来运用纯粹的逻辑思维来学习物理学的表面知识的。因此，在学生的大脑中，有两种基本没有或几乎没有关联的物理知识系统：一种是来自中学的明确的物理学知识系统，一种是来自生活的缄默的物理学知识系统。因为缄默的物理学与其行为、信仰相比，其"亲和性"要大得多，所以在显性的物理与缄默的物理相矛盾时，更多的人会选择缄默的物理。

然而，由于物理课堂上的缄默知识数量过多，其对物理教学的影响是非常复杂的，因此，这种缄默的知识往往会自然而然地发挥作用：对物理教学活动有益的缄默知识如果没有被合理、高效地运用，就会妨碍到物理的教学，从而造成某些特定知识点学习困难。通常我们称之为难点的现象有两个原因：一是因为物理学科的复杂性和抽象性，二是因为学生持有与学科不相符或对立的缄默的物理学知识。举例来说，当两个木块A和B在平滑的平面上压成一条直线时，A与B间有没有一种静态摩擦。第一次出现这种情况，学生往往会以为有摩擦，而当被询问为什么时，他们会说，动作是由力量引起的。这就很清楚地说明在日常活动中，他们对动作和力量之间关系的缄默会影响他们的学习能力，从而影响他们的行为。所以，在教学中应注重对缄默物理学的学习和教学的影响。

二、习题教学偏离学习物理的初衷

（一）物理习题教学内容没有充分贴近学生生活和社会实际

物理课程标准在具体的实施意见中提出了"与学生生活紧密联系，与社会实际相结合"的观点。家庭、学校和社会中都有许多物理学问题，如电器、炊具、公共交通设施、交通工具中的一些新型设备、通信工具等中的物理。教师在课堂上要选用与学生的生活息息相关的材料。教师可以使用一些日常用品如可乐瓶、易拉罐、饮料吸管、胶带纸等进行物理实验。同时，课外的功课也要根据实际情况，指导学生注意身边的事物，如操场、车站、码头、超市里的物理等。与学生的日常活动联系在一起，可以使他们更亲近物理。我们将物理与社会的关系分为资源（能源）、人口、环境（生态）、交通、居住等，并将物理学与当地的社会现象相结合，适当地运用图片、图表、模型、幻灯、电影、录像、光盘等视听媒介，以促进学生在课堂上分享自己搜集到的资料。多个领域的交叉学习能使学生将自己所掌握的物理学知识和其他领域的知识有机地联系在一起。例如，以小水电为例，让学生了解电力转换、发电及配电设备、发电功率与本地电力需求量之间的联系，从水电工程对当地生态和环境的影响等方面进行阐述，从水电站周边地质构造、水电站对周边区域的经济效应等方面进行全面的思考，加强学生对科学与经济、社会相互作用的认知，加强学生对科学的社会责任与使命的认知。在选择物理题和习题时，应该把一道好的习题看成是一道科学难题。在选择习题时，要注意选取符合科学知识的、基于现实的物理学问题，培养学生的科学思维和联系科学生产生活的现实，从而使其具有活力，避免纯粹的"思辨游戏"，远离现实。在教学各个环节中，目前教师比较注重习题训练这一环节，本来应该通过概念、规律的课堂教学解决的问题，往往解决得不大好，只好依赖大量习题训练来解决，以大量习题训练来弥补其他环节的不足。根据新课程标准的精神，物理练习是一个在一定层次上将理论和实践相结合的一个基本的学习和应用的过程，它是一种在实际情境中进行仿真实践，进而分析问题、解决问题，并在此过程中对学生进行训练和提升的活动。物理习题包括课内教师讲解的例题，布置给学生的课外作业以及各单元、期中、期末的测试题等。物理习题教学是高中物理课堂教学的有机组成部分，若处理恰当，可以帮助学生进一步深入理解和掌握物理学的基本概念和规律，提供给学生把学到的物理知识应用于生产实际、生活实际中去的机会，通过在一定层次上运用所学的物理知识解决若干实际问题、解释身边的物理现象，熟悉思考、处理物理问题的某些科学思维方法，从而达到激发学生学习物理的兴趣，培养学生思维能力和独立学习能力的目的。因此，物理习题的质量决定了物理学习的质量、态度、解决问题的方法和解决问题的水平。

为了能够比较准确地了解物理习题的教学现状，我们收集了某普通高中高一学生在高一上学期所做的所有作业和考试卷，发现与学生生活实际或与科技背景联系紧密的习题总共只有30题左右，约占总题数的3%。这一比例明显与新课程的理念、精神不符，难怪在一个关于新课程的调查研究里讲到一个高中女学生说，学习物理本来也是蛮有意思的，自己也蛮喜欢的，可是老师给的题目总是小球、斜面、物块等，时间久了，就觉得有点枯燥。正像这个女学生所说，调查的结果是一学期大部分物理作业时间在做那些已经理想化、抽象化的问题，即给出某几个物理量，再求另外的若干个物理量的题型。学生在做这类题目时，感觉是冰冷的、机械的，难以感受到物理学对人类发展的意义，也难以感受到物理学令人激动的美妙之处。这类题目做多了，还容易使学生误以为学物理就是套公式、套解题步骤，久而久之，学生学习物理学的兴趣就会大大减弱。

（二）物理习题教学存在"三重三轻"现象

高考考的是习题，因此一些教师过于热衷习题的教学和训练，教学中还存在部分题海训练，忽视了对学生其他方面的培养，如学生的学习习惯、学习方法、思维方法等的指导，单一的习题类型，缺乏实践性、探究性、趣味性和人文性。具体问题如下：练习只注重对知识和解决问题技能的运用，而忽视了思考和探索问题的方式和解决问题时所包含的情绪和价值取向；习题教学的方式主要是习题演算和学生随后的操练，以课题探究或相互交流表达为主的形式很少采用，而且习惯于高强度重复操练，造成学生很少有自主学习的时间，对学生探究能力的培养不够，对学生创新精神和实践能力的培养也不够。下面是根据温州市四所普通高中物理教师的习题课教学归纳出来的"三重三轻"现象，分别指重数量轻质量，重知识轻能力，重结论轻过程。

1. 重数量轻质量

调查发现，教师除了在课堂上给学生讲解大量的习题外，还给学生布置了大量课外习题，假如把各科的习题累加起来，一个学生除了吃饭、睡觉等必要的日常生活外，其余时间全部用来做题目，也是经常无法及时完成教师布置的习题。我们在调查过程中目睹了这样的一幕：在一个晚自习的第二节课间，一位物理教师急匆匆地拿着一摞刚刚印好的试题来到了教室，正准备把练习发给学生时，一个女生跟这位物理教师说："老师，你是不是又发练习给我们？你就别发了吧，再发下来，就会逼我们犯错误。"物理教师听了一愣，不解地反问此话怎解，那个女生不好意思说下去了，这位物理教师倒是暂时不把练习发下去了，走到了这个女生旁边，仔细地询问其中的缘由。那个女生说当天已有数学、英语、化学、历史、地理等科目的老师发下来的练习卷，已经来不及做，物理卷若再发下来，就等于逼迫他们去抄答案应付教师布置的作业了。这位物理教师听后才明白学生刚才说的逼迫他们犯错误的内涵，然后带着些许的无奈和困惑离开了教室。那天晚自习物理教师虽然没有再把练习发给学生，但是第二大自然还是要照样发卜来的。我们还在听课过程中发现一位教师在牛顿第二定律后的习题课上，一节课就给学生讲解了20道物理计算题，几乎没有留给学生思考的时间，教师一人唱独角戏到底。我们发现，这节课后马上就有十来个学生把这位教师团团围住，问一些刚才课上讲解的一些问题，一直到下一节上课的铃声响了，学生还没有散去。

2. 重知识轻能力

调查发现，物理教师在课堂上讲解的大量物理习题是以知识为出发点和归宿的，而不是把知识作为一个载体，以能力培养为方向。课外辅导资料上的物理习题的编制也是在这种重知识轻能力的思想指导下编制出来的，习题大都是由一组相互关联的物理概念和规律组合编制而成的，且数量和难度在不断上升。辅导资料越编越厚，但习题重知识轻能力的弊端没有突破，这类习题做多了，只是熟悉了物理公式和一些典型的物理习题罢了，并不能有效提高学生的各种能力。

3. 重结论轻过程

目前，在课堂教学中，"结果多而不全"是教学设计中较为常见的一种现象。有一次，在一次大规模的中学物理竞赛上，一位教师给每个研究小组分发了一幅关于自由落体的波形图片，以展示"重过程"。不过，教师在拍摄这幅图片时特意将相片的放大倍数调整到了1毫米、3毫米、5毫米、7毫米的整数。在比赛中，教师和学生的答案都是"1毫米、3毫米、5毫米"，这样可以更快地判断出这个过程是均匀的、快速的、线性的，所以教师故意忽略了毫米以下的数字，这说明在收集信息和处理信息的过程中，信息的最终结果依然是最重要的。有一次，在一次大规模的中学物理课堂上，教师用一张普通的桌子做了一个小实验，那就是把四根钉子插在沙子里，桌子上放着一个秤砣，钉子就插进沙子里。教师还提出了"用不同宽度的木板压胶泥"的方案，但觉得这种方案很麻烦，要量木材的区域，要记录胶水的下压力，还要进行多个数据对比，没有实验桌子那么快捷。压胶泥的方式烦琐，原因在于需要多个数据和对数据进行半量化描述和加工，都是"过程"而非"结论"。上述教学方案的选择体现了"结论是重要的"。从某种意义上讲，大型的比赛和观察课程都是一个团队的整体思维方式，很显然，这种"重结论"的思维方式并非罕见。一些教师由于片面地认为物理教学质量的高低只能用学生考试的分数来衡量，而考试时候用到的是知识的结论，并不考过程，对物理概念、规律的形成过程往往一带而过，不重视这些物理知识的来龙去脉这些。教师关注的是物理知识体系和物理知识结论的运用，课堂教学主要内容是物理解题教学，而不是物理概念和规律的教学。

　　例如，一位教师把一堂课40分钟的教学时间大约分为前后相等的两部分，前部分本该通过实验引导学生观察实验现象再分析总结出楞次定律，却直接给出实验结论再分析得出楞次定律，对于后半部分时间利用楞次定律进行解题训练。这位教师在后半部分给学生举例讲解了6个有关楞次定律的选择题。在楞次定律的教学中，原本应通过归纳实验现象，形成物理概念，得出物理规律，从而培养学生各种能力，然而这种要求却被严重地忽视了。这样的教学看起来节省了概念规律的教学时间，实际上从知识形成的角度看却是低效的。教师把大量时间用在解题上，这也是一种重知识结论，轻知识形成过程的现象，最终使得教师和学生陷于茫茫题海中，造成学生过重的课业负担，课程目标难以落实。

　　在新课程改革中，虽然一些学校也开始重视研究性学习的开展，但实际做法与研究性学习本身的要求还相差较大。研究性学习是注重过程的学习方式，强调的是学习过程，其精髓就在于学生通过一系列不同方式的学习活动达到学习和研究能力提高的目的，以及促进学生各种非智力因素的形成。然而，在实践中，有些探究式的研究仍然以成果为导向。学生在向老师和同学介绍和演示他们的研究型学习结果时，常常将其视为他们的研究成果，而忽视了研究过程、事实、原始数据的介绍。教师对研究性学习的过程和方法的指导缺乏应有的重视。

　　重结论轻过程的教学现象造成学生思维的重演绎、轻归纳。这种现象导致教师过分重视物理习题的教学。依据物理概念、规律求解物理问题的过程大都是用演绎的方法，而研究科学问题的过程却要在大量事实和数据的基础上运用归纳的方法得出。上面那位教师关于楞次定律的教学，正是因为忽视物理概念、规律的形成过程，才抛弃了通过一系列实验，观察记录各种情况下的实验数据，再用归纳的方法得出楞次定律这一重要的探究过程，而采用了过于重视如何用楞次定律解题的教学，造成学生学习归纳方法机会的缺失。

第四节　高中物理课堂有效教学问题的归因分析

一、高中物理课堂有效教学问题的思想渊源

（一）传统物理教学思想的影响与约束

1. 教学目标缺乏多维度关注

普通高中新课程改革从2014年开始在全国部分省市实验，然后逐年向全国各省推广。其中浙江省是从2016年开始改革的，时至今日，进行了几个年头，而物理教师从他们原先接受教育的情况来看，大都是在接受传统的教学理念下成长起来的。就拿传统的物理教学来说，虽然也有强调对学生能力、思想的教育，但主要还是重视对物理知识的教学，参加工作后也是采取传统的教学方式、方法进行教学。物理教师在这样的教学环境下成长起来后，即使接受近几年的各种新课程理论的培训和学习，教学理念也不可能一下子彻底发生转变。因为观念的深入人心是需要一个较长的过程的，所以，物理教师的教学往往还是把物理知识的教学作为第一位。也就是说，即使教学目标的文本陈述中有过程与方法、情感态度与价值观的目标，但在实际实施时，这些往往就成了可有可无的目标。因此，在传统的物理教学实施过程中，教学目标往往是比较单一的，不像物理新课程改革大力提倡的要关注三维目标，将过程与方法、情感态度与价值观目标是和知识与技能目标融于同一个教学过程之中的。物理新课程正因为强调了三维目标，所以教学中科学探究成为极其重要的一种教学方式，这与传统的物理教学主要采用讲授式的教学

方式有巨大的区别。物理教师的教学观念还未彻底转变过来，导致物理教学过程中的教学目标缺乏多维度、多层次的设计，以至于教学方式更多地采用讲授式。从表面上看，传统的讲授式教学的优势在于对物理知识的传授效率比较高，似乎学生学习物理知识的效率也比较高，但实际上学生在接受式学习过程中获得的物理知识往往缺少学生个人意义的建构，或者说学生获得的物理知识缺乏真实的物理情境和个人体验的支撑。虽然接受式物理学习也能发生有意义的学习，但无论如何不能因为接受式的物理学习也能发生有意义的学习而放弃或拒绝经过科学探究后获得的物理知识这样一种极其重要的学习方式。科学探究式的教学方式和学习方式对学生来说，不仅仅是对物理知识的获得和对物理知识更深刻的理解，它在更深层意义上在于对学生的终身发展有不可估量的价值。因为，在探究过程中，学生是积极主动参与知识的建构和体验的，学生不但习得科学探究的方法，而且充分调动了情感态度等非智力因素的参与，使得学习过程对学生的价值观以及健全人格的形成具有积极的影响。但是，一线物理教师由于缺乏对多维目标的理解和关注，物理教学中更多的是采用传统方法，以至于在物理概念、规律教学中方法和手段单一，轻视学生学习物理概念、规律的过程，轻视物理实验，对学生情感、态度、价值观的培养不够重视。甚至一些教师为了应对考试，在教学时间的分配上，给物理概念、规律的教学时间分配严重不足，把大量本该用于学生自主探究物理概念、规律的教学时间用在了物理习题的教学上。造成的后果常常使学生在茫茫题海中失去了对物理学习的兴趣，从而失去了对大自然奥秘的探索热情，对学生终身发展造成的后果不堪设想。

2. 教学缺乏对学生主体性的关注

教学过程中的主体问题在学术界讨论已久，近年来学者们似乎对这一论题的关注度有所下降，但并不等于在实践层面已不存在这一问题。教师和学生究竟谁是教学的主体，或者是双主体，或者教师是主导，学生是主体等看法，学术界虽然没有最终取得一致的结论，但对学生在教学中的地位应该给予高度重视这一点，学术界应该是没有异议的。实际教学也应该高度关注学生主体地位。因为学生主体作用的发挥，不仅仅关系到教学中学生对知识的掌握效果好坏，而且它对学生来说，从学生时代就开始建立民主、科学意识具有十分积极的作用。传统的物理教学，以物理教师或者以物理课本为中心的现象比较常见，也有人甚至以教学大纲和物理高考的考纲为中心，这种现象在过去长期存在，对物理教师的影响也是难以彻底消除。虽然新课程改革提出要以学生发展为本，为此，新课程相应地提出三维目标，但并不是提出三维目标，学生的能力就能得到相应的发展，问题远没有这么简单。三维目标如何去达成？首先，物理教师要转变传统的以教师为中心或以学科为中心的观念，要做到对学生主体性的高度关注，要转换自己原来作为课堂教学中的"主宰者"的角色为教学活动平等中的"首席"。因为实现教学目标的主体是学生，学生自由充分地发展是教师教学的理想追求。由于历史和现实的种种原因，传统的物理教学缺乏对学生主体性的关注，在失去学生主体性的教学氛围中，试想，要实现课程三维目标还有多大可能性呢？其次，教师不但要转变观念，更重要的是在实践中去实施，有效地促进学生的主体性发展。遗憾的是一些物理教师在这两方面均没有做好，在观念上是说起来承认在教学中发挥和促进学生主体性的重要性，但在实际教学时，往往又是自己唱"独角戏"，一堂课一讲到底，毫不含糊，学生只能做忠实的听众，教师没有足够的耐心听一听学生的想法。更有甚者还不允许学生提出一些自己的想法，虽然有些想法是十分不成熟的，甚至是荒唐的，但这毕竟是学生自己的真实意见，也是学生主体性"苏醒"的前兆。我们在调查中发现，那种教学内容紧紧围绕物理课本或者物理学本身的逻辑结构翻来覆去地"炒冷饭"的教学现象还是存在着，这种教学很少联系学生日常生活和生产实际中常见的物理现象，也很少向学生介绍现代物理学和科学技术的发展前沿，没有为学生打开必要的"天窗"，开阔学生的视野。这样的课，学生听起来索然无味，一旦某些地方听不懂，就容易昏昏欲睡，很难坚持下去。这种低效的教学现象的存在与教师心中根本没有学生而只有那些枯燥的物理学知识不无关系，这是一种"见物不见人"的教学，原因固然与教师的教育观念落后有关，但除此之外，与教师的职业倦怠也有关系。要促进学生主体性发展就不能采取那种一堂课一讲到底的简单做法。教师要在课前精心设计教学活动的各个环节，做出种种设想，以求最佳方案；要准备必要的物理实验，收集相关的物理资料以做补充之用；等等。这些工作比起那种教师只要在课堂上念一念已经烂熟于心的物理知识，必然需要教师付出更大的努力。当然，教师不愿意采取科学探究式的教学方式的原因可能不只这些，但这些原因是我们可以而且应该可以克服的。

3. 机械决定论根深蒂固

在历史上，自从牛顿经典物理学诞生以来，牛顿式的机械决定方法论也就伴随着牛顿的经典物理学广为传播。"牛顿的哲学观点和宇宙观点，并非他的科学观点，而是长期统治着当代哲学，它为社会科学奠定了一个因果预测、线性序列性和闭合的方法。"牛顿经典物理学在300多年里人类探索和改造自然的实践中取得了辉煌的成就，因此机械决定论也就根深蒂固地植根于人们的意识之中。在物理教学领域，物理教师自然也深受这一方法论的影响，无论物理教师是自觉还是不自觉，在物理课堂教学设计时，常常会利用机械决定论指导自己的教学活动。但是，机械决定论的局限性早就被人们指出来：这种机械决定论是因果决定论，是一种线性的思维方式。"因果关系的概念，在现代思想里体现为接近原因、有效原因、必要原因和无所不在的第一因，在牛顿那里则形成新的陈述，这种陈述延续至今成为我们看待变化的自然方式。"每种结局都有其预先的理由；不会有自然的后果，相同的理由必然导致相同的后果"，这一方法论思想反映在教学设计中，就是传统物理教学十分重视的预设性教学设计。预设性教学具有一定的科学理论依据，因此，长久以来，我们把教学看作一种预先设定好的行为。从学生的视角来看，由于学生的认知特征和成人的差异，教师预先设定的教学程序和效果未必能在实际的教学中得到充分体现，因此，他们往往会从自己的观点出发，在具体的教学中给出与预先设定相异的内容和方式，这就促进了教学活动的生成。由于受科学的影响，教育学的研究历来注重教育的科学，强调教育学的先进性和先决条件，而忽视了教育的生成和智力，这就导致了教育的双重性没有得到充分体现。事实上，教学的预设和生成是教学活动的双重性质，就像一元钱硬币的两个面，或者手掌和手背一样，很难分离。我们经过调查发现，在实际物理教学活动中，对于如何理解教学活动的双重性及其双重性的辩证关系问题，物理教师显然还没有做好准备，他们在教学设计活动中往往表现的是线性的思维方式，对学生采取的是控制型教学。除此之外，还表现为对学生学习能力的不信任，误以为只要教师没有讲过的知识点，学生就难以学会。所以在教学中常常是面面俱到，唯恐漏掉什么知识点，在物理习题教学中就容易掉进题海。有的教师为了提高学生的考试成绩，甚至想对题海里的物理问题"一网打尽"，足见物理教师用心之良苦。

4. 偏离对现代科学本质的追求

教师的教学行为不仅代表着教师的专业水平，而且直接影响着学生的发展，影响教与学的质量。特别是对于理科教师而言，其教学观念、教学行为不仅直接影响着学生的学习效果，而且影响着学生的科学态度、科学方法和科学精神以及人文素养。但长期以来，由于对科学文化的理解存在偏差，再加上应试教育的影响，我国中小学理科教师在教学过程中只注重科学知识的传授，忽视对学生科学精神的培养和提升学生对科学文化的深层理解，从而使得我国国民的科学素养与世界发达国家相比差距较大。在教学一线的高中物理教师对科学本质的理解往往存在偏差，他们通常会这样想：科学是一种客观的事实，而科学的教学模式则是建立在对人的主观观察之上，通过贝肯的"归纳"方法来获得科学的知识和学说。科学的整体发展就是用一种客观的视角去看待自然的事物，找到一些规律，然后在脑海中建立一个猜测，然后收集数据来证明这个猜测，如果这个猜测被证实了，那就是一门学问。因此，如果能够按照上面提到的步骤来进行，那么所得的知识就可以被称作"科学"。因为人们相信，科学知识的产生是非常客观的，并且是对自然本性的描述，所以很难更改，所以，人们把科学的认识看作一种客观的事实。因为科学的认识是一种客观的事实，所以，人们理所当然地认为它是一门学科。这种实证的科学本质观固然有其道理，不过也仅仅是一个特定时期的科学团体的典型观点，其存在的局限也很大。构建论主张，科学的获取是科学家在已有的理论基础上建立科学的认识，而构建的则是科学的、暂时的、主观的、建构性的、持续的、被颠覆的。从结构论角度讲，认识已不能完全客观化。我们可以把科学认识看作一个由假设和模式组成的体系，而非对这个世界的描绘。这种假设和模式并不能准确地描绘真实的世界，但却能根据假设和模式准确地预测真实的世界。波普尔曾说过："科学的本质是一种推测，它包含着我们的错误、我们的偏见、我们的梦想、我们的希望。"对物理学的认识将会对其教学内容、教学目标和教学方法的选择产生直接影响。高中物理教学的一线教师在认识科学的实质时，常常采取一种"以经验为基础"的"本质论"。所以他们在物理课堂教学中更关心对物理知识的传授、对物理学科逻辑体系的传授，重视学生是否掌握了那些去背景化的、结论性的内容；对于物理概念、规律的建立背景，建立过程中科学家们的思想方法，学生习得物理概念、规律的认知心理过程，学生在学习过程中产生的情感态度与价值观等方面的复杂因素，物理教师关注得太少了，甚至一些高中物理教师就是为学生的考试和分数而教。物理学科的发展历程充满着丰富的人文精神，物理教学既要考虑学生个体所处的生活、社会环境以及过去已经习得的经验，也要考虑到科学知识所发生和发展的社会和文化背景，努力为学生营造一种对物理知识意义建构的背景和过程。从这一点上说，高中物理教师在教学中对现代科学本质的追求存在一定的偏离。近年来，西方科学教育界持科学本体论观点，提倡对学生进行科学历史、科学哲学、科学社会学等方面的知识教学并进行科学研究，以加深学生对科学的认识。这实在应该引起我们的高度注意。

（二）社会、家庭功利思想的影响与制约

1. 对精英教育的割舍不下的崇尚

中国几千年的封建社会历来有"学而优则仕"的教育追求和教育的价值取向。"书中自有黄金屋，书中自有颜如玉"的古训被很多古代的读书人奉为至理名言，引导和激励他们为求得功名而"十年寒窗"地苦读，致使千千万万读书人把毕生的精力都花费在故纸堆中，一些人即使取得成功，对社会发展也是没有什么价值，"范进中举"就是典型的例子。这种对所谓的精英教育的追求，在今天的中国社会里，还是存在着某些影子的。每当一年一度的全国高考后，社会的方方面面就开始非常关注各所学校的高考成绩了。而当高考成绩公布出来后，各所学校也就争先恐后地在各自的学校网页上和学校大门口打出"热烈祝贺某某同学考上北大、清华""今年高考又突破了""我校上一本分数线光荣榜"等之类的考试成绩回应社会对一所学校所关注的焦点问题。除此之外，大大小小的学科竞赛获得的学生排名也是学校喜欢向社会公布的信息。所有这些现象都是社会对学校学生在应试教育上取得成绩的关注，而且关注的是那些取得好的考分的学生。对那些考试成绩达不到人们理想的学生关注几乎没有。同时社会对那些所教的学生考得好的教师也给予各种各样的赞赏。这一切的社会功利性舆论和思想观念或多或少与中国几千年的社会教育价值观有某种渊源联系。这些社会舆论和思想对教师的影响是不可避免的，作为中学教师群体中的比较重要的一类——高中物理教师，不得不面对社会的各种压力，也要追求学生的物理考试成绩排名。由于物理学科与中学里其他学科相比，其学科的独特性比较强，如学生普遍感觉物理比较难学，物理课听得懂，但是物理题目不会解，也有许多学生在物理学习上花了不少工夫，但是考试成绩仍然不理想。我们在调查中还发现竟然有些学生上课比另一些学生认真得多，但是物理测验成绩却比不过那些不太认真的学生，这些现象在文科类的学习中不太常见。所以，我们听到了这样的说法："高中物理教师常常会有自卑感。"言下之意，高中物理教师"教不过"其他学科的教师。这里所谓的"教不过"是指教出来的学生在考试分数上比不过其他学科。可见，高中物理教师确实在为学生的考试分数而教，学生的考试分数牵动教师的每一根神经。在这样的社会舆论氛围中，高中物理教师怎么还有更多的心思为那些看不见、测不出的科学素养而努力去教呢？他们中的一些人也明白通过一系列的物理实验和各种实际的物理情境去习得物理概念、规律的方式比直接传授给学生要好，对学生形成科学的态度价值观肯定更好，但是，他们不敢这样做。因为为学生各种素质而教不能保证学生考得好，考得好的教学经验大多是大量的习题训练，这是一个不争的事实。从这个角度看，那些低效的物理课堂教学的成因与社会的价值取向不无关系。

2. 仍然存在升学是"硬道理"的认识

假如上面所说的为精英而教是社会压力所驱使，那么为升学而教则是家长的要求。一方面是高考的指挥棒作用，另一方面是家长的殷切期望，在学生面对升学考试时，如何使物理考试成绩不至于拖后腿，这是每一个高中物理教师不得不考虑的现实问题。那么如何提高物理教学质量，保证学生高考的上线率呢？我们深入调查发现，目前教师认为首先要目标明确。他们说不打无准备之仗，要准备什么？就是要针对高考考点、考法做必要准备。其中一些教师把近五年或近十年的物理高考试卷放在一起进行系统、认真的分析研究，通过归纳的方法，研究哪些知识点是物理高考的高频知识点，这些知识点怎样考，哪些知识点是必考的，可能怎样考，哪些题型考查能力，又是考查哪一种能力，最近几年高考物理出题思路有什么样的规律，考纲样卷和课程标准有怎样的联系，等等，做到对物理高考心中十分熟悉。在认真分析研究试题的基础上，确定自己的教学计划、策略、方案，把每一节课落到实处。物理教师往往把课堂教学的重点放在物理成绩中等偏上的学生上，把中等偏下学生的成绩提高任务推给家长。如何推给家长？采取的一个典型方法就是给家长打电话，先反馈一通全班学生的整体成绩如何如何好，但是对这位家长的孩子的成绩还很不满意，表示深感忧虑，然后与家长商量是否给孩子请个家教等，以保证跟上全班同学。他们为了提高教学质量确实在狠抓落实，而且是持之以恒地抓。他们具有一种信念：考分是生命，升学是硬道理。试想，在这样的氛围中，物理教师要考虑的重中之重自然是学生的物理分数，哪还有精力顾及其他什么目标呢？原因很简单，升学是硬道理。物理教师也很无奈，他们认为胳膊拧不过大腿，只一味地关注学生的分数，确实会受教育专家的批判和抱怨，但升学率差了不仅挨家长骂，还可能丢饭碗。不以成败论英雄，这是人们常说的一个道理，但在教育问题上，却很少有人敢以此来指导自己的教学工作，因为教学工作者面对的是一个个鲜活的生命，教育教学对学生来说是一次性的，不能重复。虽然从理论上讲，教学应该关注人的终身发展所需要的各种素质，而不应该仅仅关注考试分数，但现实的升学却只看分数，这使得一些有志于物理课堂教学改革的教师望而却步，只能留下轻轻的叹息。为了生存，只得加入那种应试教育的强化训练中，为了学生的考试分数，只得以牺牲学生的个性、特长充分发挥为代价。而充分张扬学生的个性、健全学生的人格、培养学生的创新精神等才是教育的真谛所在。从这个角度说，物理教师屈服于家长的现实诉求，是物理教育的一大悲哀。因为那种题海战术、机械训练、以物理知识和解题技巧为中心的物理教学实在没有充分地发挥出物理学博大精深的育人功能，展现给学生的是枯燥无味的面目，久而久之，大大地挫伤了学生学习科学的热情，降低了学生对科学的兴趣。

无论是社会还是家庭的原因，实用主义和功利主义倾向都导致高中物理教师急功近利的教学价值观。追求短期教学效果的行为背离物理概念、规律习得的规律做法，对学生而言，严重破坏了他们的可持续发展。

二、高中物理课堂有效教学问题的制度成因

自美国著名管理学家德鲁克提出目标管理思想以来，在管理理论中，包括在教育领域，都有着非常重要的地位。所谓的学校目标管理，就是由学校的管理者，在特定的时间里，按照既定的发展趋势，把整个发展的目标层层分解，层层推进，最终形成一个由下至上层层保障的目标。最后，以达到的指标作为考核绩效与成效的基础，形成全员参与、全程管理、全面负责、全面落实的管理制度。目前，目标管理是主要的管理方式。学校的目标管理已经经过了近50年的发展，尽管取得了很好的效果，但如果在目标的选择上出现了一些问题，那么就会产生严重的影响。在新的阶段，从应试型教育转向

了以素质教育为导向的新目标，学校目标管理必须跟上时代的步伐。以往的应试教育有其发生的历史背景，而素质教育则是今天社会发展对人的全面发展所折射出的各种需求；因而，从目标的制定到实现的过程中，必须体现出素质的要求，反映出时代的发展趋势，而不能一味地沿用应试教育的内容、方法来指导素质教育环境下的学校管理。可是，笔者调查中发现，学校制定出来的对教师进行考核的一系列目标中，学生的会考和高考成绩仍然是诸多对教师考核的重中之重。比如，高一年级为了控制学生分化，明确各类班级对每个学生的成绩要求，期末考核与学生的平均分直接挂钩；高二年级明确各个班级学业水平测试的过关率，即会考合格率与优秀率，教师的奖惩直接与这"两率"挂钩；高三定下奥赛获奖人数、高考各级指标，高三教师的奖惩直接与这些目标的完成情况挂钩。所谓的目标管理，实际上就是对教师的教学目标和教学行为的引导，通过对学校目标的分析，实际上还在引导教师进行应试教育。高中物理教师在各种利益的诱导和驱使下，为了生存，自然对学生的考试成绩十分关注。笔者发现，温州市某普通高中为了评卷的公平性、准确性，采取了两个不同年级的备课组交换评卷的方法，当试卷评定后，再发给每位任课教师核对，每当任课教师拿到试卷后，首先关心的是学生的分数是否算错，然后仔细地翻阅是否有给分不合理的，一旦发现这些问题，就急匆匆地去评卷教师那里改过来，因为分数牵涉教师的荣誉和利益。而对学生究竟发生怎样的错误，错误的原因是什么等考查后最需要教师去认真细致地分析的问题却没有太大兴趣。教师修订学生的分数后就开始关心同年级组的教师所教学生的考试分数了。这种教学比赛的目的已经有点偏离素质教育的大目标了。按照道理，一名物理教师关心自己学生考试的成绩是无可厚非的，但是如果这种关心过了头，就容易把物理教育的根本目标落到了最后的考试分数上，这无论如何也是没有道理的。虽然目前高考还是看分数，能够用分数来量化的基本上还是知识、技能类的东西，但是，作为物理教育工作者，总得负起一位教育工作者应有的责任。教育工作者之所以成为教育工作者，就是对教育有深刻的专业认识和本质理解，就是与一般的民众对教育的看法有所区别，就是要更多地关注人的更本质的东西。香港中文学院的一名教师曾向一名内地的校长表示："如果不改革中考和高考，我们的教学改革就会陷入困境！"他还提出："难道因为情感、态度、价值观不可测量，我们就可以不给予关注吗？"

第四章

高中物理教学的基本技能

第一节 语言技能

对物理教师而言，其教学语言既要有一般教学语言和生活语言的共性，又要有物理教学的特点，我们将其概括为"既要有哲学语言的深刻、逻辑语言的严谨、文学语言的生动，又要有数学语言的精确、相声语言的幽默、大众语言的通俗"。

一、课堂教学语言技能的含义

在课堂上，教学语言是最基础的工作语言。教师讲授教材、传授知识、组织练习、持续地调动学生的积极性，使用的是一种语言，即教学语言。在整个课堂教学中，语言的方法和技巧最多、最复杂，作用也最大。

严格地说，课堂教学语言由有声语言（通过声带发声）、无声语言（态势语）、书面语（文字语言或板书语）三部分组成。优秀的课堂教学就是通过上述这些手段，组成了一个综合的、统一而完整的传递系统。在这个综合的传递系统中，缺少任何一个因素都构不成有效的课堂教学活动。这种既有听觉又有视觉，兼有时间性和空间性艺术活动特点的综合活动是教学语言区别于其他现实口语表达形式和艺术口语表达形式的关键所在。

综上所述，教师在课堂这一特定的环境中，借助有声语言（为主）和无声语言、书面语（为辅）的艺术手段，准确、清晰地传递给学生知识和信息，从而达到教育教学目的并促进学生智力、能力提高的一种现实的语言行为方式就是课堂教学语言，这是教师顺利地履行其职责的重要保障。

二、课堂教学语言的功能

教学语言主要从声、情、义三方面实现其教学功能。"声"是指语言的发音准确、清晰、和谐、具有美感；"情"是指通过语言的声调、强弱、节奏等表达各种情感；"义"是指教学语言表达的思想意义精确而充实。

（一）将知识和信息准确、清晰地传递

教师的责任是通过正确的读音、语义、词汇的选取与搭配，使课本中的科学内容与内涵正确地传递给学生。过去有学者指出："学生的知识与老师的表现力有明显的关系，老师的模棱两可会影响到他们的学业表现。"因此，教师的语言能力与教师的教学成效有着密切的关系。

（二）教师与学生之间的情感沟通

在课堂上，教师与学生之间的情感沟通是在传递知识和信息的前提下进行的。教师在教学中充满了感染力，一方面建立一种情境，以情育情，即以自身的情绪影响学生的心理情感；另一方面，以情感人，使学生产生共鸣，活跃课堂的学习气氛。尤其是在表达抽象物理现象时，教师的恰当语言能唤起学生的想象，让其产生具体的表象，更好地理解物理意义。

（三）教学语言具有强烈的示范性

教育是一种培育人的行为，这种性质的教学行为，决定了它的工作必须具有很强的示范作用。这是教师与其他职业的一个最大的不同，特别是在课堂教学中，教师的一言一行、思想境界、品德修养、教学的水平、对教学工作的责任感和态度等是一位教师的整体教学用语。通过这种方式，可以在一定程度上改变学生的思维方式，让他们从有意识的、无意识地模仿到有弹性的表现。

三、课堂教学语言技能的构成要素

教师的语言能力是其最基础的教育活动，只有对这种教育活动熟悉，才能真正发挥这种教育的作用。教学用语包含了语音与哑语，实现教学用语的

作用是有声语言和无声语言共同作用的结果。对物理教师的有声语言技能要求可分为两个方面，即基本语言技能和教学语言组织技能。无声语言技能主要是对态势语提出的要求。

（一）基本语言技能的要素

基本语言技能是指在社会交际中公众都必须具备的语言技能，对教师来说就意味着运用声音把大量组织好的语言有效地在课堂上传输出去，它由发声系统的发音器官（唇、齿、舌）来完成，属于操作技能，是可以通过大量有效的技巧训练得以提高的。它包括以下要素。

1. 语音规范，吐字清楚

所谓语音，就是以普通话为标准的声母和韵母的结合。语音是一种物质的语言。正是由于有了语音这个媒介，文字才能够发出、传递和被感受到。在课堂上，发音的最根本标准就是学会用汉语发音说话。语音中出现的方言、乡音是进行交流的极大障碍，一旦涉及物理教学上的专业术语，如"电磁场""静止"这些词语，发音不标准，不规范，有时会让人费解。因为口语表达的特点是词句连续吐发，如果有一个音节讲不清楚，就会影响学生对一个词、一个句子甚至整个内容的理解。在无法正确表达语意的情况下，其他的语言艺术讲授技巧就无从谈起。

与语音相关的还有吐字问题，教学上的基本要求是吐字清楚。有人形容吐字不清是"嘴里像含个热饺子"，含糊不清，很容易让人焦虑。发音器官（唇、齿、舌）不能正确地发出对应的词语，是导致说话不清楚的重要因素，缺乏正规的基本发音训练。这个问题只要有意识地纠正，并且经常练习，不断纠正自己的"误读"，养成习惯，是完全可以解决的。

2. 音量适度

音量是指声响的强度，其取决于说话时的能量。教学用语一定要有一定的音量，才能让学生听得真切、清楚。总体上的要求是高低适中、强弱相间。音量大小适度的标准是：前排学生不认为是一种噪声，最后一排学生又能听清楚。音量过小，学生需要长时间依靠有意注意来维持最低的听觉域限，容易造成听力疲劳和精神涣散。音量过大，教师本人吃力，如果使用不得法，甚至可能损坏声带。而对于学生，刺激太强，声嘶力竭，如雷贯耳，容易造成心理紧张、烦躁和反感。同时在物理教学中，音量过大有悖于以理服人的教学气氛（俗话说有理不在声高）。从声音环境角度来看，一般上课的音量应在45分贝到65分贝之间。高于65分贝，演讲会影响学生的思考。同时，声音不要太低，45分贝以下会变成耳边风声。在普通师范生的微格教学中，由于受到环境（教室面积、学员数量）的制约，大部分师范生的声音较低。新教师因为自身的压力和其他的主观因素而养成了低语的倾向。

3. 语速适中

语速是指讲话的平均速度。讲课应该讲究速度快慢适中。教师讲授与演讲、朗诵不同，其教学任务不是把讲稿在一定的时间内念完，讲完了事，而是要让学员能够理解、听明白和学习，因此，教师要掌握好自己的速度，做到轻重缓急、断连起伏、张弛有度。心理学研究表明，听课的能力有一定的承受量，长时间的快则会"供过于求"，使人感到急促、紧张，引起烦躁，学生不易全面了解内容，体验不到教师的情感，达不到教学目标。太慢则"供不应求"，注意力无法集中，情绪提不起来。这就对讲话的速度提出了要求，一定要适中，要一字一句地送到学生的耳朵里，让他们听清楚，而且有思考的时间，切忌像连珠炮似的向学生发射。

演讲的语速是一分钟几个词语？普通的广播者大概是350个词语/分钟，而在教室里，教学的平均速度是200~250个词语/分钟。低年级学生的课语速还应更慢一些。语速快慢的标准是：与学生的思维合拍，但也并非要求恒定不变。由于不同的教学内容对学生而言难易不同，应根据教学过程中学生的思维速度来决定。通常情况下，学生注意力集中、精神饱满时，说话语速要加快，音量要小；当学生思维疲劳、注意力不集中时，可以放慢说话的语速，提高音量。

4. 停顿合理

字与字、词与词以及句子之间、层次或段落之间稍微休息一下，称为停顿。适当的停顿不仅是教师在生理上调节气息的需要，也是更好地表达教学内容，正常表情达意的一种重要技巧。停顿合理可以使学生对语义的认识更加清晰，并能及时地思考、消化和回味，以及必要地议论。恰当运用停顿可以提高语言的精确性和表现力，但停顿绝不是简单的声音上的间歇，停顿太少、太短会讲得上气不接下气；停顿过多、过长会把语句弄得支离破碎，使人莫名其妙；这样不仅自己讲起来感到紧张吃力，别人听起来也费解难受。教学中教师要根据所要表达的不同意思，而采取不同的停顿。

一般来说，停顿可分为语法停顿、逻辑停顿、心理停顿（又称感情停顿）三种，语法停顿主要从句子的语法结构（主、谓、宾、状等）上停顿。物理课堂教学侧重于逻辑停顿，往往根据物理知识之间的内在逻辑关系而停顿，以突出语义部分。例如，帕斯卡定律内容讲述时的语气很长，层次又较复杂，表述时可以多次使用停顿（以"＾"表示停顿）——＾密闭液体上的＾压强＾能大小不变地＾被液体向各个方向＾传递。为了突出"密闭液体""压强""大小不变""各个方向"，表述这些关键词语时前后都运用了逻辑停顿。心理停顿则根据学生听课情绪进行，如个别学生有分散注意力现象，教师可稍停下讲授以提醒学生。

5. 重音正确

曾有艺术家说过：重音就好像人的食指，指示着节奏中或句子中最重要的词。一句话包括许多词语，它们在句子中的表意作用不可能完全相同，总有一些词语比较重要，是一句话的中心和主体，讲授时如能找到表意重点加以适当重读，便能起到对整句语言面貌画龙点睛的作用，如同魔术师的魔棒，指向哪里，哪里就有惊人的变化。在讲有"像这样的问题""是这么回事"这类话时，如果把重音落在"像""是"字面上，和落在"这样""这么"上面，教师的用意就有很大的区别。

重音同样可分为语法、逻辑、感情重音等。语法重音是在一种平稳的情况下述说事情，重音由语句自身决定，表示一般的语句、语法结构，有一定规律，位置也比较固定。一般说来，谓语往往比主语说得重一些，宾语、定语或补语也要说得重一些。这种重音只要熟悉并尊重汉语口语表达的习惯，就可以自然掌握。逻辑重音和心理重音没有一定规律，都是为了突出语义重点和强调某种特殊感情的重读。在口语交际中逻辑重音在句子中比较活跃，经常随着教师的意图、环境和思想感情的变化而变化，也就是从意义出发必须顺从句子的逻辑意义。例如，"力的作用是相互的"，为了突出"相互"，就必须重读"相互"两字。

重音的主要作用是强调，但不一定要读得很重。有时用低和轻的声音仍然可以表现出重音的特点。运用重音必须注意使整个句子语气协调、音调和谐，轻重恰当。

6. 语调变化

任何语言的表达都需要抑扬顿挫，也可以说高低起伏、轻重缓和的统一。语调升降变化贯穿于整个语句，但表现在句末较为明显，如果掌握运用得当，可以表达极为丰富复杂的感情和语气。语调的抑扬主要有四种表现形式："平""抑""扬""曲折调"。"文似看山不喜平"，这就是教育。心理学者相信：人们在倾听时，故意的专注会在5~7分钟内得到放松。所以，在课堂教学中，要适当地重视教语言的起伏张弛和变化，适当地控制学生的激动压抑，也就是要根据其心理特点，让课堂教学有张有弛，保持学生注意力有意识的集中。

7. 节奏鲜明

语速是一种由语调高低、重音强弱、语速快慢等各种因素组成的整体语流，是一种将停顿、重音、升降、快慢等综合起来的语流势。若以一条线来描绘教育的过程，它应该是一条曲线，是一条带着运动的变异性的曲线，而不应该是一条线，它的语言、内容和情绪都要表现出来，语速要快、节奏要慢、嗓音要雄浑细腻、要有情绪的波动。这种韵律是由音长和间歇组成的，随着韵律的高低而改变。

节奏和语速之间存在某种关联，但又不同，它指的是说话的平均速度，而不是说出一个词语的长度。有些字发音较长，有些发音较短，中间和句间还有时间间隔。这种变化是由于音调的长度和间歇的长度而产生的，同时会随着语音的强弱、力度的大小以及句子长度的不同而有节奏地改变。这才是教师口语的节奏变化。实际上，讲课速度的快慢只是节奏这一方法和技巧的一部分。节奏所包含的内容要丰富得多，各种不同的要素，有秩序有节拍的变化，就形成了教学的节奏。

综上所述，节奏主要通过教师的语气、速度和声调三个方面来表现，三个方面又集中在讲述的"轻重、缓急、抑扬、顿挫"八字上，这些要素总是密切联系、交替出现、互相渗透。

8. 口语化

讲课的语言要通俗易懂，这是由教育教学的特殊情境所决定的。教师如果不使用专业术语，就很难让人听懂，尤其在物理教学中表现得更为明显。怎样才能做到说起来"上口"，听起来"入耳"呢？口语并不是要对日常口头用语进行修复，而是把它们进一步加工提炼，做到逻辑严密、语句通顺。首先，要解决思想认识问题。初上台的教师或实习生因上台经验少，往往把教案写得很详细，甚至每一句话都事先拟好。在进行微格训练时，要注意不能一开始就使用文字。完成之后自己照本宣科，读不懂，再将不适宜演讲的文字转换成通俗的文字，用简单的文字说明难以明白的词汇。其次，要注意选择那些有利于口语表达的词语和句式。最后，尽量不用倒装句或浓缩的省略句，改换或删去不易明白的文言词和生僻成语。这些都有助于讲授语言的口语化。

至于句子的长短问题，要多用短句，每句话最多不超过15个字就要停顿一下，这样易于表达，清楚明了。当然也还要注意整句和散句，两者各有优点，结合使用最好。

口语化时，可以在教学中适当运用拖腔，如"力越大，加速度就越大"拖在"越"字上，这包含留有余地的意思，强调后面的语义。拖腔可以有意引起学生思考，激发学生的思维，这样的课堂教学语言本身就具有启发性。但运用时注意只有当学生与教师思维同步时，拖腔才有意义，课堂气氛才会活跃。

同时，要区分口语和口头语言。比如在课堂上，经常会出现"这个""那个""是吧""对吧""嗯""唉""啊"……有剔除的必要。

（二）教学语言的组织技能要素

在课堂上，教师要从一定的教学目标、教学内容、教学对象出发来组织自己的语言，这就形成了课堂教学语言的组织技能。通俗地讲，也就是如何选择合适的词语构成恰当的句子来准确地表达教学内容。语言的组织技能是由教师的思维器官来完成的，属于智力技能，不是可以在短时间内训练能达到一定效果的，需要教师长期不懈地努力。在物理教学中，语言的组织能力可以从下列五个方面来反映。

1. 科学

物理教学存在着多种科学的现象。

首先是语言表达的科学，也就是要保证语言的正确性。比如，要有科学性的例子，不要胡编乱造；对有争议性的看法和问题，应当阐明有关各方的看法；习题和例题中的资料一定要与科学的实际情况相符，不要随意编造资料。例如，在说到比热容量的时候，应当说"物质的比热容"，不能说"物体的比热容"；谈到电场的时候，应该说是"围绕着电荷的空间有电"，而不是把它的周围的空气叫作"电磁场"；在谈到光线的折射规律时，不能说"入射角度与反射角度相等"，而是要说"反射角等于入射角"，这是由于两个角度间存在着一定的联系。我们不能把生活中的俗语、方言当作物理语，如把物理的"熔化""沸腾"说成"化了""开了"等。

其次，语言要符合物理学科的规范性。因为物理学有一套符合本学科特点的特殊语言，如物理符号、概念、公式、图表、物理模型等。

最后，在语言的精确度上，要准确地把握概念的内涵和外延，对特定词语的表述要严格。比如，"缩小"和"变小"的差别，"浸入、浸没、浸在"的不同，"物理量的大小、物理量大小的变化、物理量变化的大小、物理量的变化速度"的不同，以及物理量的精确阅读等。作为教师，不能信口开河地下定义，不能想当然地解释一个术语，不能含含糊糊地阐释一个定律，等等。

我们这里强调教学语言的科学性，并不是不顾学生年龄的特点、掌握知识的阶段性，而一味地追求严谨、严密。

2. 条理

条理即逻辑性，在物理教学中，最主要的逻辑就是物理定律。这些定律包括牛顿运动定律，光折射定律，反射定律，电磁感应定律，等等。物理教师应注重逻辑的科学性和严密性。比如，阐述光具有波动性时，应从"因为波具有干涉、衍射的特性，实验证明光能发生干涉、衍射现象，所以光也是一种波"的角度进行分析，这显得有理有据，条理清晰。

逻辑性还体现为如何在整堂课的讲授中体现各知识点间的层次分明。

语言的条理逻辑性训练在本书的讲授技能中有更详细的说明及应用要求。

3. 简明

简单明了，干净利落，无废话、套话，能一句说清的不说两句，能一个字说清的不说两个字。由于授课有一定的时间，必须在一定的时间内讲清楚、讲完，而这两个环节都由教师来完成，一个处理不当，就会使简洁变为复杂，使准时变成拖延，因此，教师必须避免反复唠叨。多而繁、杂而乱，最易产生不准确的现象。物理教师的教学语言许多属于理科的理性语言，更应当注意各种用语的简明扼要。

4. 生动

生动指的是词语外在表达上的生动，注意用词的形象性、可感性，注意词的感情色彩，能启发想象、联想，把抽象的道理具体化，把抽象的概念形象化。例如，在讲力的三要素时，"门轴""门把手"这些书面用语完全可以把它变成生活中的语言来表达。在讲右手定则的时候，教师举了一个例子：刀尖指向、刀刃切割方向、韭菜直立方向。这三个方向不仅说明了三个方向的垂直联系，还让学生更好地了解了物理的概念。

5. 启发

"启"到关键之处，"发"得生动活泼。这种语言要具有扇子的作用（把学生主动思维的热情扇得旺旺的）、向导的作用（给学生指出学习认识的思维方法）、桥梁的作用（使学生新旧知识联系，由此及彼，触类旁通）、锄头的作用（刨出重点、难点和疑点，开发学生的思维）。教学语言启发性还在于教师要善于设疑，引导学生合乎逻辑地思考问题。比如，"能是能量转换的尺度"，在教学中可以从句子的结构中得到灵感。以"功"为主体，以"是"为谓，以"量度"为宾语的简述形式，可以防止"功就是能""功转化为能"等误区。一个很普通的问题，如"是什么""为什么"或"因为……所以……"之类的问答，常常缺乏启发的艺术魅力。

第二节　导入技能

何谓物理课堂导入技能？物理课堂导入的功能是什么？物理课堂导入技能包括哪些关键要素？明确这些问题有助于增强导入技能训练的方向性。

一、物理课堂导入技能的含义

导入技能是指在新课程中，教师运用多种教学媒介，创造学习环境，启发学生学习、思考，使学生专注建构知识之间的关系。

在中学物理教学中，引入技巧是一种非常必要的技能。

二、物理课堂导入的功能

（1）集中，预备。在课堂开始时，要有足够的资料，要有恰当的激励，才能吸引学生的注意力，让他们把注意力放在教学上，引导他们去完成要学的东西，让他们迅速地进入学习的状态，为新的研究做好思想的准备。

（2）激励，强化。吸引人的开始能够极大地激发学生的学习积极性，这是因为他们对所教授的课程有一种独特的认知取向，也就是引起他们的兴趣。利益是人类参与各种行为的内在动力，能够显著地提升人类的行为效率。因此，当学生享受了快乐，他们的学习热情就会越来越高，知识学习也会越来越深入。

（3）情绪，效率。以刺激和满足学生的要求为起点，激发了他们的认识和情感体验，增强了他们愉悦的情感感受。导入具有很强的内在动力，能够激发学生对知识的深刻理解，促使他们更好地参与到教学中去。它激发了学生的实际行动，是有效的环节。

（4）怀疑，信任。生动活泼的导入可以激发学生积极联想、丰富想象、训练思维、热烈讨论等，既能促进教师的教学，又能让学生感受到教师的亲切与友善。心情愉悦会消除教师与学生之间的紧张，并消除部分学生对教师的畏惧（如恐惧、不敢接近、不敢质疑等），从而让学生对教师有一种信任感、尊敬感和敬佩感。

对新课程的导入，可以吸引学生的注意力，激发学生的思维、兴趣和好奇心，达到一种全新的学习状态，从而为新课程的实施奠定良好的起点。

三、物理课堂导入技能的构成要素

课堂导入的构成要素是最重要的、最普遍的、可分解的、可操作的，包括引起注意、激发学习动机、组织指引、产生认知需要、建立联系、进入课题。掌握这些要素，对于灵活有效地应用导入技能是很重要的。

（一）引起注意

新课开始时，教师的首要任务是把学生的注意力集中到教学上来，即通过有效的导入把学生引向对本课有意义的刺激和信息上，避开或抑制那些与本课无关的干扰和刺激。漂亮的板书，精心制作的教学卡片，丰富多彩的图片、幻灯片，生动形象的语言以及优美的语音语调都会深深吸引学生，引起他们强烈的好奇心和注意力，使学生较为迅速地进入学习准备状态，为下一步教学做成功的铺垫。

（二）激发学习动机

学习动机是影响学生学习的主要因素之一，如何有效地调动学生对新的知识的兴趣，是其最主要的作用，也是其引入能力的基础。在学生的学习活动中，最现实和最活跃的因素就是兴趣。兴趣是人认识需要的表现，激发学生的学习兴趣容易引发学习动机。兴趣的形成富有情感特点，尤其是新颖的刺激和愉快的体验更能激发兴趣。

（三）组织指引

通过专注和激发学习动机后，学生将会面对如何学到知识。因此，在进行新的课程设计时，教师往往要让学生了解新课程的教学目的，也就是希望学生的知识、技能、能力、情感发生改变，以及进行新课程的学习。这是一个有组织指导的引入流程。很明显，对课堂上的活动的有效执行，可以使学生进入目标明确、控制有序的学习活动和学习流程，从而达到对新课程的认识和最佳化的导向作用。

（四）产生认知需要

教师将所设置的学习情境作用于学生，使他们感到新知识与原有的知识经验有冲突，从而产生认知的需要。教师应在引起学生兴趣之后，及时地引导学生对新知识进行理性思考。认知需要是产生学习动机的内部动力，是由心理状况的不平衡引发的。当学生意识到知识和经验的矛盾而产生心理不平衡时，会产生渴望获得认知平衡的学习需要。无论采用什么类型导入新课，教师对学生原来的认知结构和新内容之间的联系（不协调、不一致和矛盾）都需要掌握清楚，然后依据新旧知识的不同联系方式，选择恰当的导入设计。

（五）建立联系

所谓建立联系就是引导新旧知识之间的相互关系，这是一个重要的环节。

（六）进入课题

在整个教学的最后，教师要用言语和其他的动作来让学生明白，引导的结束和新课程学习的开始。

第三节 讲解技能

一、讲解的概念

讲解是一种最常用的教学方法，是指教师主要用口头语言对教材内容进行解释、说明、阐述、论证的讲授方式，通过解释概念的含义，说明事理背景，阐述知识本质，论证逻辑关系，达到使学生理解和掌握知识的目的。讲解主要有四种方式：说明式、描述式、原理式和问题解答式。

与讲解关联的概念还有讲述、讲读和讲演。

（一）讲述

讲述指教师用生动形象的语言，对教学内容进行系统的叙述或描述，从而让学生理解和掌握知识的一种讲授方式。讲述分为叙述式和描述式。叙述式在文科教学中用于叙述学习要求、政治事件、社会面貌、时代背景、人物关系、故事梗概、写作方法、历史事实、地理状况等，在理科教学中用于叙述学习要求、数量之间的关系、自然现象的变化、物体结构和功能、实验过程和操作方法等。描述式在文科教学中用于刻画人物、描绘环境、介绍细节、渲染气氛、表达感情等，在理科教学中用于描述与课题内容密切相关的科学家或发明家的经历和业绩。叙述式和描述式的相同之处在于：都是说事，而不是说理。其不同之处在于：叙述式的语言简洁明快，朴实无华；描述式的语言细腻形象，生动有趣。

（二）讲读

讲读指在讲述、讲解的过程中，把阅读材料的内容有机地结合起来，通过教师一边读一边讲，以讲导读，以读助讲，随读进行指点、阐述、引申、论证或评述的一种讲授方式。这种讲授方式在语文教学中较为常用。讲读有五种方式：范读评述式、词句串讲式、讨论归纳式、比较对照式和辐射聚合式。

（三）讲演

演讲是一种最高级的教学方式，它要求教师既要对事实进行系统、完整的描述，又要进行深刻的分析比较、综合归纳、推理判断、归纳演绎等抽象的思维过程，从而得出一个科学的认识，使他们对所学的东西有一个清晰的认识，并能掌握科学的学习方式。

二、讲解的功能

（一）课堂教学的主要手段，传授知识的重要渠道

目前，课堂教学最基本方法有讲授法、实验法、自学法和讨论法等。其中，讲授法的特点是信息量大，教学效率高。在科学技术迅速发展的今天，要使学生在有限的时间内掌握大量的基础性物理知识，物理教学势必以讲解为主。同时，教学实践证明，其他教学方法的实施，教师也必须辅之以必要的讲解。因此，讲解是课堂教学的主要形式，是传授知识的主要渠道。

（二）揭示事物的本质属性，培养学生的思维能力

建立物理概念和形成物理规律是物理教学的基础和中心任务。建立物理概念和形成物理规律的关键是通过对感性材料的分析、对比和概括等，把一类事物的本质属性揭示出来。用语言式的讲解可以对事物进行详细说明、系统分析、全面比较和严密论证，因此，讲解能很好地揭示事物的本质属性，是概念教学和规律教学不可缺少的教学手段。同时建立物理概念和形成物理规律是一个十分复杂的思维过程，要经过一个特殊认识与一般认识、感性认识与理性认识反复结合并相互作用的过程才能完成。因此，讲解物理概念和物理规律的过程也是一个培养学生思维方法和思维能力的过程。

三、讲解的基本要求

（一）注意科学性

科学性是物理教学的基本原则之一，因此，讲解不能出现科学性的错误。讲解中的科学性错误通常表现在三个方面：第一，教师对讲解内容缺乏正确、深刻的理解，有时会产生知识性错误；第二，对知识的表述语言不严谨、不确切，有时会出现在表述知识时用词不当、缺乏推敲的问题；第三，讲解物理概念和规律时缺乏事实依据，有时会出现弄虚作假的行为，直接抛出结论。

（二）讲究逻辑性

讲解要讲究逻辑性，即要做到条理清楚、层次分明、逻辑严谨和推理自然。例如，讲"光的波动性"时，光能的基本特性是干涉和衍射，而实验证实了它的干涉和衍射，那么从一种波形的观点出发，就可以解释得通了，推理自然严谨，符合逻辑。一般说来，要达到以上要求，对具体事物若采用叙述式讲解必须按照一定的顺序和线索；若采用论证式讲解必须先提出论点，然后列举论据并加以适当分析来支持论点。

（三）重点要突出

讲解要重点突出，切忌面面俱到，不分主次。讲解时，要根据备课时所确定的重点内容来开展教学，每堂课要紧紧围绕1~2个重点，从不同侧面和不同角度给予讲解和分析，讲深讲透，以给学生留下深刻的印象，使学生明确这堂课主要解决了什么问题。

（四）要有启发性

讲解的启发性就是在教学过程中必须实施启发式教学。所谓启发式，就是通过各种教学手段，启发学生积极思维，充分调动学生学习的主观能动性，使其在教师的引导下，主要通过自己的实践和思维活动来获取知识。因此，在讲解过程中，教师要不断地揭示矛盾，提出问题，以激励学生积极思维，把学生引导到正确的教学思路上来，然后为学生铺路搭桥，从而使学生主动获取知识。

（五）语言要清晰、简练、通俗、生动

教师的语言要简洁明确，说理要生动、通俗易懂。有时要辅以体态语以助讲解，也可以借助直观形象的事例，通过对比、类比和比喻等教学方式去讲解新知识，使讲解深入浅出，变复杂道理为简单道理，变抽象知识为形象知识。

第四节　板书技能

一、板书技能的含义

板书技能是指教师利用课件上的文字、符号和图像，将知识归纳和系统化，以便于学生对知识的理解、记忆和学习。它是一种通过黑板、图形、符号等语言表达教学内容的一种教学行为。

板书是课堂上的一项重要内容，它对教师来说是一种有效的教学工具，是一种有效的教学方法。课堂上的其他教学方法所传达的讯息大多是短期的、一次性，但它可以多次、长时间地传达给学生。一堂物理课程结束后，只要把它的主体部分保持在黑板上，就能让学生有一种圆满的感觉，获得一种心灵上的满足感。物理的许多东西，如公式、符号、公式的变化、图示、图表等都是难以通过其他方式传递的，而运用板书本可以很好地实现这个教学。

板书的主要形式有三种：板书、板演、板画。

（1）板书是教师在黑板上书写的文字，它是一种广泛应用于各类课程的板书。

（2）板演就是教师在黑板上推导公式、计算例题、公式等，也是一种广泛应用于物理课堂上的板书。

（3）板画是教师在黑板上绘制的各种图形、符号和表格，也是一种常见的物理板书。

三种板书在实质上是一样的，都是以文字或象征的方式呈现给学生。

二、板书技能的功能

在科技进步的今天，很多现代教学方法进入了课堂，解决了很多困难。然而，在课堂上，板书依然扮演着无可取代的角色。

（一）教学板书是对教学内容的加工和提炼

由于教学时间、空间和时间的制约，教学过程中不可能、不应该也不一定要照搬教学内容、照本宣科，这就需要教师对教材进行科学化、艺术化的处理和精练，把教材中的精髓用在板书上突出出来。

1. 理清教学内容的思路

板书应做到标准化，以便让学生把所教授的内容按照一定的时间和空间顺序进行记录，以便日后复习。

2. 将教学内容结构化

有些时候，教材所体现的物理关系复杂、层次不同、形式多样，对学生的理解和把握不利，可以通过教学板书把它的内在构造简单、直观地展现出来。

3. 突出教学内容的重点和难点

优秀的板书具有层次分明、逻辑性强、各种关系表达准确，能够激发学生的科学性思考，帮助学生记忆、分析、消化和巩固所学的知识，指导学生把握学习要点，成功地解决困难，从而促进学生各方面能力提高的特点。教师精心挑选教材、分清轻重缓急，选择关键与难点，做到"好钢用到刀刃上"，达到画龙点睛的效果。

（二）教学板书是教师教学能力的综合体现

对教学板的设计与运用，可以很好地反映教师在课堂上的各种素质和能力。优秀的板书是教师的创新成果，是教师学识、智慧、教学技能的集中体现，是教师的教研理念和美学修养的结合，也是教师综合素质的体现。在课堂上，教师利用板书可以发挥以下作用。

1. 弥补教学语言表达的不足

作为听觉的教学工具，教学言语具有诸多不足，但它能够刺激人的视觉，从另外一个角度来加以补充。将教学语言和教材相融合，可以实现多渠道的教学资讯传递。

2. 多侧面塑造教师讲台形象

优秀的板书可以让学生看到教师处理课本、文字概括、文字书写、板画列表、时间分配、课堂组织等各项能力。

3. 促进学生学习和实践

优秀的板书能够调节课堂的节奏，与课堂上的教学语言相互交替或相互搭配，能有效地促进学生的学习和实践，从而达到与教师的教学相适应的目的。

（三）教学板书是学生有效学习的必要途径

优秀的板书不仅能提高学生的学习效率，也能提高教师的教学效果。

1. 影响学生的"学会"

通过板书，学生在课堂上，可以清晰地理解教材的思路与架构，把握教材的要点与难点，激发学习积极性，加强对事物的观察与感觉，巩固对所学的知识的记忆，保证了学习的有效性与质量。相关调查数据显示，人类所有的资讯当中，11%为听力，83%为视力，其余的6%为触觉、嗅觉等。所以，在课堂上，尽管是让学生"听课"，但也不仅仅是为了让他们听讲去，更要让他们利用自己的视力，来感知新的信息和材料。

2. 影响学生的"会学"

教师在课堂上写的板书体现了其对课本内容的认识和对教材的整理。通过板书，学生不但可以学习到很多的知识，还可以学习如何抓住重点、难点，如何归纳、总结、论证、说明等学习方式和方法，掌握基本的技能，将为今后学习技能的提升打下良好的基础。

3. 影响学生智力因素和非智力因素的发展

良好的教学板书能够促进和发展学生的感知、观察、记忆、思考、想象、审美、创意等非智力因素。板书、板画的设计，使学生获得了视觉上愉悦的美感和科学性的享受。这有助于学生分析能力、综合能力以及写作和画图能力的提升。在培养学生认真求实的科学态度的前提下，板书、板画的巧妙编排可以提高学生的学习成绩，培养学生的审美情趣和求实的科学态度。

三、板书的类型

（一）根据教学板书的地位和性质分类

1. 基本板书

基本板书又称中心板书、正板书及主板书，是一种能反映教材内容和教学目标之间内在联系的重要的、难点的、中心的、关键的板书。在课堂上，基本板书是整个课程的框架和一张逻辑性的网络，主区设置在黑板左边，便于书写，提升总体美感，适合采用分段形式。

2. 辅助板书

辅助板书也叫附属板书、注释板书和副板书，是一种在教学过程中，为辅助教师讲授，随时写在黑板两侧的公式推导、补充或注解，是帮助学生听得更明白，理解得更透彻的一种辅助手段，是可以在黑板上随写随擦的板书。那些学生熟悉而又必须推导、计算的过程，提醒学生注意的公式、定理，诱导学生思维的草图，学生的板演，等等，都是副板书的内容，副板书通常写在黑板的最右边。副板书一般不做规范性要求但也要注意局部内容的完整。

（二）根据板书的主体分类

1. 主导型板书

主导型板书是教师自己来实现引导意向的一种形式。在学习过程中，引导型板书是一种常用的形式，能够全面地体现学生的主体意识，因此，在教学过程中，可以兼顾具体的教学内容和教学时间。

2. 主体型板书

主体型板书是一种在教师的引导下学生自行编写的板书，目的在于充分发挥学生的主体作用，促进学生自主学习。在运用主体型板书时，要做到"量力而行""时限"一致，不能作为教师敷衍了事、处罚学生的工具。

3. 合作型板书

合作型板书是教师和学生在课堂上进行探讨或共同写作的一种形式。合作型板书是师生互动的一种形式，能够促进师生之间的交流，促进师生关系和谐，实现思想、感情上的共鸣，共享学习的喜悦。合作型板书以教师和学生的主动性为依托，有利于学生和教师之间的配合和协作。

（三）根据板书的时间和作用分类

1. 课前预习用板书

课前预习用板书是教师在课堂上把教学意向或问题记在板书上，用以引导学生进行学习。这些板书的功能是：培养学生的自主思维、自我学习、发现问题和解决问题的技能；教师的指导和学生的学习节约课堂上的时间，并对重点、难点进行有针对性的授课；提前做好准备，让学生了解情况，才能使课堂教学达到预期的目标。

2. 课中讨论用板书

课堂讨论用板书是教师在课堂上针对教学活动要求，与学生进行讨论，形成的一种书面形式。这种教学板书的功能是：是教师与学生之间的双向互动，有助于激发学生的积极性和主动性；学生在课堂上进行的交流有助于他们更好地了解和吸收所学的内容；"师启生发"，在探讨中有助于学生综合素质的发展。

3. 课后总结用板书

课后总结用板书是教师在下课后对课堂内容进行回顾和归纳总结用的一种板书。这些板书的功能是：有助于理顺课堂教学思路，复习巩固所学知识，形成系统完整的知识体系；培养学生良好的学习习惯和正确的学习方式，从而使他们的学习水平得到提升；为下次上课打下坚实的基础。

第五节　演示实验技能

一切以物理实验为主题的课统称为物理实验课。从各个方面来看，可以把实验分为演示实验、学生分组实验、边教边实验、课后实验和制作。演示技能是一项重要的教学技能。物理教学中的演示需要教师掌握设计实验和进行实验操作的技能。然而，演示技能不仅仅是实验技能，物理教学中的演示不仅要符合物理知识本身的规律，而且在设计、操作中要符合学生观察、思维的规律。实验技能的主要目的是得出物理规律，而演示技能不仅要得出正确的物理结论，更主要的是引导学生观察和思维。

一、物理课堂演示实验技能的含义

物理课堂演示实验是指在教学中运用实验操作、实物和模型、现代教学媒体等教学方法来激发学生的学习兴趣、观察、思考和操作的教学活动。展示实验是一种由教师进行展示、示范，引导学生观察、反思的一种教学方法。这是一种广泛运用在物理教学中的方法，可以在不同的课堂上运用。

二、物理课堂演示实验的功能

（一）提供直观的感性材料

高中物理的教学内容虽然与现实中的很多问题有着紧密的关系，但是现实问题往往更复杂，涉及更多问题。另外，由于高中生对相关的物理学还不了解，对一些现象的感受常常不够深入，对其所折射出的物理学性质也很难理解。此外，一些物理学的现象和教师平时对学生的教学并不相符。因而，教师必须采用演示实验的方式，以突出物象的特点，从而使学生获得丰富、深刻和正确的感性认识。演示实验采用符合学生认知规律的方法，采用了大量直观、感性的素材，有助于学生在学习过程中突破困难、强化知识的吸收和学习效果。在没有大量感性素材作为依据的情况下，学生只会背诵一些抽象的知识和规则，从而丧失了教学的本质。

（二）创设物理问题情境

问题情境，一是指教师通过语言、教材或其他形式等教学方式对问题进行提问，而这些问题通常具有一定的解题方式；二是指问题发现情境，这就是指教师不给学生一个清晰的问题，而是用不同的方法，在课堂上设定一些困难的、需要学生努力却力所不及的环境，使学生能够从现象、事例、实验或其他的知识中，找到问题，并主动提出问题。

演示实验是建立问题情境的重要手段。演示实验是教学与问题探讨相结合的实验形式，其实验条件明确、观察对象突出、演示层次分明。运用演示实验创设问题情境时，要注意制造认识上的矛盾，使学生能够发现问题、提出问题。

（三）激发学习兴趣

通过演示实验，学生可以发现许多有趣的、新颖的、令人惊奇的物理现象，同时，教师可以创设一个教学环境，巧妙地设置问题，将外在的动机施加到学生身上，引起他们的内在需求，激发他们的学习热情，进而把学生学习的热情引导到特定的学习目标上。因此，演示实验课应遵循"有必要引起兴趣、有理论增强兴趣、应用有致"的层次，使学生在课堂上充分发挥其学习的积极性。

演示实验是对物理学基本原理和法则进行归纳和总结。一些概念和规则，不管教师怎么讲解，都很难让学生深入地了解和体验，而只做一些简单的演示，教师就能在很短的时间里，将所要讲的主题呈现给学生。如果一个人对"为什么"感兴趣，那么，他就会非常活跃去思考。好的演示实验的效果，是任何语言都无法替代的。

三、物理课堂实验的类型

（一）引入新课的演示实验

这种演示实验是为了使学生对所要学习的问题产生浓厚的兴趣，从而使他们产生学习的欲望，使学生自惊奇和疑问开始，对即将接触的新内容进行思索。

（二）建立概念、规律的演示实验

这种演示实验在新课程教学中应用的主要目标是：通过丰富的情感素材，引导学生观察思考，建构新的概念和规律，从而提高学生的观察思维能力。其特征是实验环境清晰、观察目标鲜明、展示层次清晰。

（三）深化巩固概念、规律的演示实验

这种演示实验通常是在新课程结束后进行，其主要作用是加深理解和强化记忆。教师通常是在已有实验的基础上，对某些环节进行修改，让学生在实验中，更深层次地理解概念、规律。

（四）应用物理知识的演示实验

这种演示实验可以用于新课程的教学，也可以用于温习课程，它的主要目标是使学生把所学的知识应用到实践中去，使他们能够把自己的理论与实践结合起来，分析和解决问题。以光纤为例，利用光纤进行光学通信，可以让学生认识到如何运用全反射等原理。

第六节　提问技能

课堂提问虽然是教师课堂教学中经常发生的行为，但对于许多教师特别是新教师而言，并不清楚提问的功能，也没有注意提问的要素，这样必然导致随意而问的现象。因此，要提高和训练提问技能，必须首先明确课堂提问的教学功能，关注课堂提问技能的构成要素，注意课堂提问的方式。

一、物理课堂提问技能的含义

物理课堂提问是指在物理课堂上，教师以自己所拥有的知识或体验，向学生发问，并指导他们进行反思，促使他们积极主动地参与教学，从而了解他们的学业状况，激发他们的思维，进而帮助他们理解和掌握知识，培养他们的思维能力。

提问是一种古老的教学方法，也是目前教学中常用的一种教学方式。因为在课堂教学的各种师生交流方式中，提问这种教学方式交流最直接，信息交换的效率最高，反馈最及时，师生的情感活动最丰富。

物理课堂提问技能可以与各种技能相互渗透，在课堂教学中交互使用。例如，在讲授法中，以问题构成讲授的手段，以问题形成反馈；在讨论法中，以问题为核心，以提出问题展开讨论；在实验探究法中，先让学生自主发现并提出问题，且在实验探究过程中配合提问技能引导学生进行猜想、实验和论证。这些都说明教师必须熟练地掌握提问技能。

二、物理课堂提问技能的功能

（一）引起注意，激发兴趣

"学起于思，思起于疑"，而"疑解于问"。在教室里，提问能激发学生的好奇心，迅速地将学生的思维和思想活动引导到一个具体的概念和观点上，从而激发他们的思维。这种问题不仅能激起学生的学习热情，还能使他们更多地关注这个问题。另外，教师还可以运用课堂提问维持课堂秩序。例如，向有课堂问题行为倾向的学生提问，可集中其注意力。

（二）启发思维，主动学习

运用问题激发学生的思维能力是中学物理课的一个关键环节。在常规的教学环境中，学生往往是被告知，而不能自主思考。在课堂上，教师的发问相当于让他们有了思考的时间。在教学实践中，学生是主要的学习主体，在教师的提问下，他们必须动脑筋，给出最好的答案。课堂提问能培养学生良好的思维习惯和能力，促进学生积极地参与教学活动。在面对新问题时，要经常提出问题、解决问题、启发思想、发展智慧。同时，提问能指导学生的思路，拓宽他们的思路，提升他们的思维水平。而在教学中，学生的思维广度和思维方式也受到了教师的教学内容和教学模式的制约。

物理学知识之间存在着相互关联的关系，很多新知识都是基于旧知识的，教师在讲解新知识时，可以提出恰当的问题，让学生一起回忆、复习旧知识，从而形成新的物理学概念和定律。所以，提出问题可以帮助学生积极地建立物理知识之间的关系。

（三）反馈评价，调控教学

通过教师的提问和学生的回答，可以看出问题的深度，了解学生所学知识，并检验所完成的教学目标。根据收集的反馈信息，教与学的双方可以及时调整，弥补不足，以取得更好的教学效果。同时，通过提问形成信息的双向交流，有助于发现教学难点和学生理解中的盲点。

（四）提供参与机会，发展表达能力

学生在思考回答问题的同时会不自觉地自我组织语言，达到表达观点、流露情感、锻炼表述的效果。课堂回答提问不但壮大了学生回答问题的胆量，而且在集体学习中引起了互助活动的刺激，甚至引起学生的集体争论，使课堂气氛活跃，有助于学生互相激励、互相进步；此外，课堂上的问题也能促进人际交往，增进教师和学生之间的交往和交流，从而提高他们的社交能力。

三、课堂提问的方式

（一）教师要求每个学生都能解答的问题

这些问题的教学可控性和针对性都很好。

（二）学生一起发问

教师提问，学生一起做答案。这类问题具有方便、省时、易于实施等特点。其弊端有：教学过程中存在着盲目、难管、教学效果不佳等问题。

（三）自我反省

所谓自我反省，就是教师仔细地思考问题，提问之后，学生不需要回答，只需要教师自己回答。这能引起学生的注意力，使他们产生一种悬疑的感觉。在物理的温习中，经常使用自我反省，不会单纯地进行知识的重复，其目的在于促进学生多方面思考，有助于学生巩固和提升知识。在新课程中也经常采用自我反省，它的目的在于通过设置悬疑来提高学生的学习兴趣和好奇心。

（四）直接提问

直接提问可以帮助学生更好地专注于知识。比如，"什么是惰性""什么是机械能"等，都是直接问题。所谓迂回询问，就是从侧面或者反面提问。曲问比直问复杂、间接，有助于学生理清物理的概念和法则，使学生思维更加清晰。比如，"在一个水槽的底部，所承受的流体的压力是否与流体的引力相等""怎样把电磁线圈的南极转变为北极"之类的问题，都是曲问。

（五）正问与反问

正问是教师从正面提出问题，而反问是从反面提出问题。正问和反问有助于学生从对立的角度去认识问题，从而提高他们在问题中正反两方面的能力。正问和反问经常会互相交叉、互相配合。比如"磁场"的教学，教师第一个问题就是："磁性线条有什么特征？"在学生找到问题的答案后，教师由相反的方向提出问题："这两条磁场线会不会交叉？"帮助学生在物理课堂上克服困难。

（六）追问与联问

所谓追问，就是指在某个特定的概念或法则上，反复发问，直至准确地解答。联问，就是根据一定的知识点，设置一系列问题，让学生既能理解每个知识点，也能掌握它们之间的关系和本质。

第七节　结束技能

　　一般教师在一节课教学结束前都要进行一下总结，但不同的结束教学活动所取得的教学效果很不相同。有的仅仅是对前面教学过程的简单回顾和重复，使这一教学环节的活动流于形式。而有的结束教学活动却是有目的、有意识地对学生初步获得的知识进行巩固和应用，使教学活动又进入了一个新的高潮。从这一现象中我们可以看出，要掌握结束技能首先要明确结束教学活动的任务和功能，从而在应用该技能时使这种教学行为成为有目的、有意识的教学活动。

一、课堂结束技能的含义

　　结束技能是指当教师完成一个教学工作时，通过归纳、总结、实践等活动使学生对所学的知识与技能、过程与方法进行及时巩固、概括、运用的一类教学行为，是教师在完成某项教学工作或某项活动时所采取的一种最根本的行动方法。在课堂的最后，通常使用结束技能。但是，课堂教学中任何相对独立的教学阶段都需要应用它，小到讲授某个概念、某个新问题的完结，大到一个单元或一章教学任务的终了。

　　在所有的事件中，结尾都非常关键。课堂教学的结束是整个教学的一个关键环节，也是最基础的教学技能。

二、课堂结束技能的功能

良好的结束是一节优秀课的重要组成部分，它可以通过一系列教学活动将系统的知识、技能完整地再现于学生面前。它不但能在学生脑海中留下深刻的印象，还能让他们在学习中取得成功，进一步激发学生学习的兴趣。好的结束有以下几种功能。

（一）系统归纳

如果完全按照物理知识本身的逻辑系统安排教学内容，高中生学习起来必会感到困难，因此，在教学中教师只有把物理知识的逻辑性、系统性与学生的认知和智力水平很好地结合起来，才便于学生理解、接受。为了帮助学生借助直观形式或是熟悉的旧知识归纳、概括出一般性的法则、结论，教师除了要在课堂教学中把握时机积极引导外，在课堂教学结束时更要进一步帮助学生理清思路、完成抽象概括等，使学生的知识得到提炼升华，既帮助学生顺利地掌握了知识、技能，又促进了其思维能力的发展。经验表明，系统的材料便于学生理解、记忆，因而在教学结束时，系统归纳、及时抽象概括物理知识是非常必要的。

（二）概括巩固

在学习中，每一节课的教学内容都是纷繁复杂的。有的物理课侧重于知识的理解和运用，有的物理课侧重于技能训练，有的物理课兼而有之。因而教师在课程结束时，应该通过启发学生自觉分析概括物理的研究方法、思路、程序、步骤等，使学生把具体的练习过程、解题思路、推理方法等通过概括加深理解，还要适当地通过实际操作或是技能训练使学生所学的知识、技能得到巩固，明确读、写、算、解题、操作等活动的步骤，防止和减少学生在运用知识、技能时出现差错。此外，新课程的编排往往是按物理的知识体系进行的，若能恰当地进行对比分析，有助于学生认识到不同的知识点及其关联，从而巩固并掌握基本知识。

（三）铺垫发展

在课堂上，往往会有一种用多节课时来讲述一个较为完整的知识点的课。在这种背景下，教师既要思考一堂课的教学内容，又要思考下一节和后几节的内容。所以，在课程设计的最后，教师必须仔细考虑如何为下一节课做好准备。此外，提高学生的智能、发展学生的创新能力，是中学教育教学的一项主要工作。因此，大量的教学活动是为下一次的课堂教学做准备，也为培养学生的智力创造了良好的环境。

（四）质疑生趣

学生的积极思维往往开始于"疑"，因此，在课堂导入过程中，教师应通过创设问题情境、提出问题，以引起学生的好奇心，并激发其学习的积极性。在课堂结束时也要通过设置疑问，引起学生对后续学习材料产生兴趣。典型的做法是教师课在结束时，安排一些用旧知识解决新问题的练习来激发学生的学习兴趣。

（五）引导运用

物理学有一个重要的特点，就是应用广泛，与生产、生活有着普遍的联系。同时，由于物理学具有高度的抽象概括性，人们往往忽略物理知识与实际的联系，遇到实际问题又很难揭示其中的物理规律。因此，教师在讲授新知识时要尽量从实际入手。当学生掌握了一些物理知识后，教师就应当引导学生从实际问题中抽取物理内容，把实际问题转化成物理问题，从而加深学生对所学知识的认识，提高学生对所学知识的应用能力和解决实际问题的能力，进而提高学生的学习兴趣。

三、物理课堂结束的类型

由于每一节课的教学任务不同，结束的形式也有所不同。课堂教学结束一般分为两类：认知型结束和开放型结束。在实践中，更多地使用开放型结束。

（一）认知型结束

认知型结束也叫封闭终点，一般在一章或一节比较完整、系统的知识传授后，通过归纳、总结、实际应用、转化升华等方法，将知识和技能系统化，加深学生的记忆与了解。这项工作可以由学生自己或教师学生小组讨论来进行。它旨在强化学生已学过的内容，使学生专注于本课的重点。尽管这种类型是对问题或课程进行概括，但其能对结论和重点加以说明和突出。其常见的做法如下。

1. 区别对比

在教学结束时，老师可以采用总结、提问、列表等方法，将新知识与学生已掌握的知识进行对比，从而确定两者之间的关系或共同点，进而更准确地理解知识。

2. 竞赛活动

教师可以根据课程的内容，安排小组开展知识竞赛、操作比赛、小组讨论、观看制作等，并通过提问、测验、完成作业等方法，让学生通过口语和书面的形式来巩固所学知识。

3. 实践应用

教师可以通过提问和实践活动，使学生在生活、生产和社会实践中运用知识，实现学以致用、活学活用。

4. 绘简图或模式图

在一节课后，教师可以根据所讲的主要知识和它们之间的关系，制作一张图，并在课末展示，指导学生进行总结。这样的结束方法与预习新的知识紧密地结合起来，使得知识体系更加完善，这是非常有意义的。

（二）开放型结束

这是一种与其他学科、生活现象或后继的学科紧密相连的结束方法，在完成这一课节的教学后，不仅要对所学的重点进行回顾和强化，还要将所学的知识延伸到其他方面，扩大学生的知识范围，或将前后的知识结合在一起，形成一套完整的体系，激发他们的学习热情。开放型结束通常用于某一系统知识或一章、一节教学活动的中间，下节课的教学内容是这节课的继续和延伸。结束时教师既要组织学生对本节课学习的知识、技能进行巩固、总结、归纳，又要为下节所学的知识做好铺垫，鼓励学生积极探索，激发学生继续学习的积极性。其常见的方法如下。

1. 悬念存疑

在物理教学中，前后两章的关系往往十分紧密，在前一章结束时，可以提出下一章的要点或者是学生感兴趣的部分，教师也可以根据中国经典章回小说的"后面发生了什么，请听下一节"的话语，在结束的时候，根据教材的内容，设置一定的悬念，给学生提供启发式的提问，让他们在课后反思，从而达到"意犹未尽"的效果，以此来刺激他们获得更多的新的信息，搭建新知识与旧知识的桥梁，加强知识的联系。

2. 拓展延伸

把教学的内容拓展到社会现实、生活和学科发展前沿，可以使学生认识到学习的意义，激发起间接的学习兴趣。在教学即将结束时，老师可以通过对已有的知识进行总结，拓宽学生的知识面，让他们对实际的生活进行分析，从而激发他们对实际问题探索的欲望，激发他们对问题的好奇心。

总结除归纳、拓展、与后续课的衔接之外，还可以采用其他方式。在实践中，具体采取何种教学方式取决于课程本身的特点和需要。但是，教师自己必须很明确地了解课程的重点：如何进行归纳和总结？最终要指导学员朝哪个方面发展？

第五章

高中物理教学的实践研究

第一节　高中物理概念、规律的有效教学策略

高中物理知识是以高中物理概念、规律为核心内容的，本研究以高中物理概念、规律的教学为例来论述高中物理知识的有效教学策略。

物理概念是概括化、抽象的物理现象、物理过程的结果，是物理学理论的基本单位。物理概念的形成既要借助具体的物理现象和物理过程，又要借助科学的抽象思维超越感性的经验。如果教师仅仅给学生介绍了一些关于物理学的知识，而没有主动地指导他们进行思考，那么他们就可能仍然无法感受构建物理概念的真实意义。学生只有把表面的物理现象和物理内在的本质、生活常识与科学概念、感性认识与理性认识联系起来，才能习得物理概念的真实含义。根据高中生的心理发展阶段和认知规律，高中物理的概念教学可以通过引入策略、形成策略和强化策略来实现。

一、物理概念的引入策略

高中物理概念是高中物理教学的核心内容，而课堂上物理概念的引入对概念教学起着至关重要的作用。对每一个概念，教师都应设法使学生了解其引入的原因、目的和作用，其所描述的物理情境和具有的物理意义。下面就概念的引入策略进行归类和举例。

（一）利用学生熟悉的生活现象引入新概念

从学生日常生活实际出发，充分利用学生对某些已知的或亲身体验过的物理现象的感性认识，在教师的引导下，让学生进行分析和思考，从具体

事实中抽象、概括出某些本质特征，可以方便快捷地引入一些抽象的物理概念。例如动力学中动量概念的引入，首先可以设疑：如果要考查一个物体的运动效果，必须看物体的哪几个方面呢？接下来就可以联系生活实际了，不妨举这样的例子：乒乓球以较快的速度打到墙壁上，结果墙壁安然无恙，乒乓球却被弹回来；一辆载重汽车以同样快的速度撞到墙上，墙和汽车都会有损坏。至此教师可以引导学生考查一个物体的运动效果，需要同时考虑两个方面的因素：质量和速度。若立即给出动量的定义及定义式还显突兀，可以由已知的冲量出发，结合牛顿第二定律，导出包含质量与速度乘积的表达式，自然而然地导出动量的概念。有些物理概念学生感觉"似曾相识"，如"速度""位移""力"等，但不能准确回忆，而有些概念比较抽象，在学生的认知结构中没有概念与之相对应，是完全陌生的。这些情况都需要教师来搭建桥梁，使之内化为学生所熟悉的概念。如何来搭建桥梁呢？例如，教师在讲解路程和位移时，先出这样一道很简单的题：小明家离学校200米，小明从家到学校走到100米地方的时候忽然想起忘记带铅笔盒了，于是他又回到家拿了铅笔盒再走到了学校，问小明总共走了多少米？小明现在离家多少米？引入这个问题之后，再讲位移和路程的概念，它们的联系与区别，学生就比较容易掌握了。当然，从学生生活实际引入物理概念时，还要注意防止学生将错误的前概念与科学概念相混淆。因为感性认识往往不能准确地反映事物的本质。例如，讲"力"的概念时，光滑斜面上的物体是否受到下滑力的作用？空中飞行的篮球是否受到向前的推力作用？在这些问题中学生都有可能受实际所"见到的""听到的"想法的影响而犯错。

（二）通过物理实验引入新概念

某些物理现象和物理知识在学生的生活中并不普遍，所以他们的思想还没有形成，缺少必要的情感体验，这些物理概念的引进可以通过简单的工具和器材，通过实验来展示物理知识和新颖、生动、直观的物理现象。这种方法不仅能让学生对物理现象、物理过程有一定的感性认知，进而进一步探索和形成科学的概念，还容易集中学生的注意力，激发学生学习的求知欲望。

例如在运动学中重力加速度g的引入，学生都知道伽利略的自由落体实验，了解铁球的下落与轻重无关，而至于其中的本质原因，以及常见的羽毛与铁球不同时落地的原因，很多学生都不清楚。教师可以利用钱羽管实验，在玻璃管中空气多少的变化过程中，让学生比较铜钱和羽毛的下落情况，特别是在管中空气很少时，观察铜钱和羽毛下落情况相同，由此引入自由落体的概念，再结合频闪照片的分析，得出重力加速度的概念。再如，在自感实验中，教师调整了变阻器，让两个灯管都能正常工作，关掉开关，再根据两个灯管光亮度的大小来分析其中的缘由，最后介绍自感。

（三）利用学生已有概念引入新概念

在高中阶段，学生头脑中已建立了许多物理概念，这些物理概念之间往往存在着有机的联系，抓住相似或相关联物理概念之间的联系，教师可以从学生已知物理概念出发，利用类比的方法，通过逻辑展开，引出新的物理概念。或者从已知的概念出发，经过某种数学运算，得出新的概念。这种方法过程简单，但由于是在已知概念的基础上改变条件或进行运算，新概念的物理意义应重点强调。比如，由电场的概念类比引出磁场的概念，从引力位能的相似程度导出电位能。教师还可以让学生首先回想重力的作用力与路径无关及重力势能，然后推导出电势和电势能的概念；也可以采用类型化或归纳化的方式，如分子能、核能、机械能、电能、内能等概念。这种方法能够让学生意识到新概念的客观性与必要性，从而形成一个完整的体系，便于学生理解和掌握，从而促进学生逻辑思维能力的发展，进而形成结构清晰、联系紧密的物理认知结构。

（四）利用物理学史或故事引入新概念

从物理学史或故事引入新概念，可以激发学生学习物理的兴趣和热情，有效地促成学生进入学习物理的情境，深入思考物理问题。物理学史中的许多故事和当时的科学研究现状记载了人类揭开自然界奥秘的令人兴奋的探索过程。学生了解这些历史，有助于对物理概念内涵的正确理解。例如，从牛顿时代科学家们对天体运动的内在原因的不同解释引入万有引力，从奥斯特在上电学课时无意中移动了小磁针的故事引入电流的磁效应，从法拉第历经十年之久反复寻找磁生电的故事引入电磁感应现象，等等。

（五）从理论需要引入新概念

从物理学理论的需要引入新概念，一方面可以使学生对所讲的概念感兴趣，另一方面可以使学生的思路进入正确的轨道。本研究注重知识的内部逻辑，注重系统的整体化，有助于建立起一个较好的认识框架。比如，惯性是由牛顿第一定律引入的。教师讲完牛顿第一定律以后马上提出："牛顿第一定律告诉我们，物体具有一个共同性质，这种性质是什么呢？就是惯性，我们今天来研究这个性质。"学生听了要思考：惯性到底是什么呢？这正是教师的目的。对于能、热量、场强和电流强度等概念，都可用此法引入。

以上归类大致是从物理概念本身特点和学生认知特点等方面进行的。引入物理概念的策略应该是多种多样的，本研究仅仅列举了几种典型的策略，除此之外，还可以从学生错误的前概念出发引入新概念，从物理学前沿或高新科技引入新概念等。

二、物理概念的形成策略

物理概念的引入仅仅是提供形成物理概念的感性认识，形成物理概念还需经过抽象的思维过程。比如，通过对物理现象的对比分析，归纳其基本属性和特性，以简洁的文字或数学公式表述，并阐明其限制与应用。

（一）用科学的方法讲解物理概念

要建立一个恰当的物理概念，首先要根据物理学的理论，指导学生运用比较、分析、综合、抽象、归纳、判断、演绎等思维方式，对感性物质进行思考，抽象概括出其基本性质，从而形成明确的理性知识。例如，为了解释加速的原理，教师列出了一组子弹在枪膛里的移动和车辆的加速的例子，然后让学生对子弹的加速和减速进行详细的研究，并对它们的速度变化大小和变化快慢的影响进行分析。这既能反映加速的基本性质，又能让学生了解需要引进新的物理量。

（二）给物理概念下定义

用下面所述的方式可以构造一个新的物理概念，从而使这个物理概念所表现的对象的性质被揭示出来。一个物理学概念必须满足以下两个条件：第一，它所确定的结果必须与它所确立的目标相一致；第二，它的概念与事物的客观现实相一致，也就是说，它的定义是由它的性质决定的。事实上，这两个定义物理概念的条件可以被同时实现。例如一个物体在力的作用下，沿着所受力的方向运动的一个物理进程，尽管这个物理进程的特性与力和运动这两种物理概念和变形相关，但它们并不能被独立地描述，因此必须引入一种新的物理学概念，即"功"。在这个物理进程中，所做的功也是不一样的。我们可以很容易地了解，当两个过程发生了同样的位移，但是力量却不同时，这两个过程是具有不同性质的物理进程。再如，在两个工艺中，当两个工艺的变形和受力都不一样时，这两个工艺并不必然是具有差异的，要根据实际的情况而定。在这两个工艺中，如果力与位移的乘积相等，则这两个工艺具有相等的特性；如果这两个工艺的力与位移的乘积是不相同的，则这两个工艺都具有各自的特性。我们把功的性质归结为：作用力等于力与受力方向上的位移量之积。

三、物理概念的深化策略

在物理概念生成后，应适时给予学生运用概念的时间，让学生回到实际的实体中，通过概念解释和解决实际问题，巩固、深化和激活概念。在遇到新物理现象时，学生要善于利用现有的知识，勇于发问、努力思索，逐渐增强分析物理现象和解决物理问题的能力。以下是基本战略：

（一）对易混淆的概念进行对比、辨析

对于概念中的关键字、词和句加以强化说明，明确它们的区别与联系，进一步理解物理概念的内涵和外延，形成概念清晰、层次清楚的物理认知结构。

（二）通过练习运用概念

学习物理的目的是利用物理学的概念来思考，并利用物理学的知识来处理问题。练习旨在强化物理概念，培养学生分析和解决物理问题的技能。所以，练习题型要典型、灵活多样，挖掘和探讨主题要力求深度，避免将做物理习题与物理概念教学相分离，甚至相对立，避免陷入题海战术的做法。

（三）在实际环境中应用概念

课程标准倡导以学生为本的生活世界和社会实务为导向，将所学到的物理与现实相联系，从而实现对物理学的认识和运用。例如，学习超重、失重的概念后，教师可以让学生利用体重计在电梯中实际感受一下超重、失重的视数变化，通过观察实际现象，增强学生的感性认识和探索兴趣，加深学生对物理概念的正确理解。

综上所述，物理概念的教学要历经概念引入、形成、巩固深化三个阶段，从认识论的角度看，也是符合从感性认识到理性认识的规律的，而不是把物理概念简单地教给学生。学生在学习过程中经历了概念的表象、概括、定义、再认知和结构系统化等阶段，实现对概念本质的掌握。

第二节 高中物理科学方法的有效教学策略

物理学是一种建立在物理实验之上的科学，很多物理定律都是通过物理实验得到的，而要把物理规律从实验中总结归纳出来，首先要依靠观察这一重要的手段获取实验数据，然后借助物理思维进行抽象的加工。下面通过对高中物理课堂上的实验观察与分析，探讨高中物理实验与思考的有效策略。

一、物理课堂实验观察方法的有效教学策略

高中物理课堂实验观察是学生认识物理现象，获得物理概念、规律，习得物理研究方法的重要方式和有效途径。学生只有掌握科学的实验观察方法，才能捕捉物理现象中的关键信息，从偶然的事物和现象中找出规律，这样才能理解物理学的实质。在高中物理教学过程中，提高学生的观察力和学习效率，显得尤为关键。从教学策略的角度看，有激发学生观察物理现象的兴趣，观察要有明确的目的，培养学生全面、细致、客观的观察品质，在观察中习得观察的方法等策略。

（一）激发学生观察物理现象的兴趣

爱因斯坦说，兴趣是最好的老师。著名物理学家杨振宁教授也曾说，兴趣是成功的真正秘诀。古今中外许多科学家之所以取得成功，原因固然是多方面的，但是，一开始对某一问题发自内心的浓厚兴趣应该是他们能够专心致志地研究、锲而不舍地工作进而引发了灵感和顿悟，使之在科学上取得重

大发现或发明的重要原因。对物理现象进行观察是一种有目的、有计划、伴随着思维活动而产生的一种积极感知。感知是大脑对客观事物的全面反映，它是对感官的直观反映。心理调查显示，人并非对所有感官起反应的客观物体都能感知，而是对某些客观物体感兴趣，也就是做出有选择的感知，再进行观察。因此，让学生去观察和了解物理学，就需要让他们对这物理学的研究有浓厚的兴趣，使学生愿意观察、乐于观察，只有这样才能使他们产生内在的动力。正如皮亚杰所言："一个人从来不想学习不感兴趣的东西，要调动学生的积极性，首先得引起动机。"鉴于此，培养学生观察物理现象的兴趣显得十分必要，在具体做法上应关注以下两点。

1. 用物理学家通过观察物理现象获得本质认识的一些实例来教育学生

这样的例子很多，但要选一些典型的、能够引起共鸣的例子。比如，丹麦物理学家第谷·布拉赫花费21年的时间对750多颗行星的运动进行了极其精密的观察，积累了大量的资料。在此基础上，开普勒总结出行星运动三大定律，成为牛顿力学的重要基础。

2. 积极开展新颖的能够使学生内心感到震撼的观察物理现象的活动

这些活动往往能使学生产生浓厚的兴趣，使学生感兴趣的观察活动又往往是那些学生头脑中已有定式的矛盾现象。例如，在学习静电屏蔽时，教师展示小鸟在笼子中用高压电电击鸟笼，小鸟仍然活蹦乱跳。这个电击鸟笼的实验非常吸引学生，小鸟在高压电的环境下，竟然安然无恙，一下子就把学生的注意力吸引住了，有效地调动了学生的观察兴趣。这个实验情境的创设，使学生观察的指向性非常明确：这节课研究的是静电屏蔽现象。接着，教师可以继续演示，请学生上台配合做实验，教师站在关闭的铁笼里，学生配合教师电击铁笼，教师用双手触碰铁笼，安然无恙。教师解释这就是静电屏蔽现象。这样的精彩实验不但培养了学生观察的兴趣，还可以进一步激发学生思考，同时在解决问题的过程当中，加深学生对静电屏蔽的理解。

（二）观察要有明确的目的

教师在培养学生对物理学研究兴趣的前提下，还要注意指导学生去观察。由于学生对事物的关注而产生的观察活动常常是漫无目的、杂乱无章，有的学生只是为了凑热闹或者只是单纯地认为事物很有意思，而不一定能够在课堂上进行有效观察。物理学观察侧重于感知行为，它被概念控制，以寻求证明。所以，教师要引导学生将自己的观察力聚焦于某些事情或事件的一些关键部分，并剔除一些小的影响，以达到预期的观察结果。在某种意义上讲，观察结果的好坏在于它的目标和它所要达到的水平。观察目标越明确，要求越高，观察越完整越清晰，观察结果越佳。观察者是获取知识的出发点，而观察力的高低，则会对其他的技能产生很大的作用。所以，提高学生的观察力，是提高学生学习水平的关键。要让学生对物理学的性质和状态进行清晰的观察，通过观察发现问题、解决问题、记录数据、获得感性资料等，以便为发现、分析、解决问题，归纳规律做准备。当物理现象摆在面前时，一定要让学生明确问题，绝不能盲目观察。

（三）培养学生全面、细致、客观的观察品质

培养学生全面、细致、客观的观察品质就是要引导学生对事物的现象以及事物的发展过程进行全方位细致的观察。教师指导学生对一些物理现象进行观察时，一定要让学生特别注意整个物理现象发生过程的细节及产生的条件和特征等。对物理现象间的联系不仅要看到结果，还要看到引起变化的原因。例如，在观察测定干电池的电动势和内电阻的实验中的电流表读数时，有些学生由于对电流表读数不太熟练，读取电流表的电流数据过程会比较长，而这个实验中，电池内阻对通电时间比较敏感。在电流强度接近0.6安培的条件下，读数时间稍微延长，电流表指针就难以停留在某一读数上，学生可能会忽略这一现象，教师就要抓住这一时机，引导学生细致观察这一现象，准确地反映观察到的现象，绝不轻易放过一些蛛丝马迹的实验现象。教师应认真思考研究电流表指针为什么会不稳定，该如何避免这一现象的发生，电流强度的数据该怎样读取等。应当看到物理观察就其本身来讲是一个严格的科学过程，来不得半点虚假，它有利于培养学生严谨的科学作风。因此教师在指导学生进行物理观察时，要教育他们全面、细致、客观地进行观

察，切不可歪曲事实。

（四）在观察中习得观察的方法

为了提高学生的科学观察力和学习科学的观察法，应尽量让他们有更多的时间去进行科学的观察，如仔细地进行实验、提供物理现象和过程、增加观察和观察的时间等。教师要让学生了解形形色色的物理现象，包括静止的和动态的，具有显著的本质特性的物理现象和进程，以及大量不相关的、性质不显著的物理现象和进程。因为学生的生活经验不足，缺乏独立、系统观察的能力，所以教师要引导学习他们观察的方式，制定观察的次序，让他们观察到现象，然后思考得到什么。培养学生的观察力和学习观察法不是一蹴而就的，而是要经过对不同物理教学环节的长时间浸润，使其逐渐地学会和形成科学的观察方法。观察的具体方法有全面观察、重点观察、对比观察和顺序观察，另外，还有定期观察、定点观察、定量观察等。在观察的过程中，要根据观察对象、观察内容、观察目的、观察条件等因素，选用一种或几种观察方法。

在高中物理课上，学生进行观察要做到点面俱到，既全面了解，又抓住重点；要做到仔细、认真地进行观察，对观察到的数据进行客观真实的分析，以便于培养观察力。

二、物理课堂思维方法的有效教学策略

思维方法是指运用一定的世界观和方法论来分析纷繁复杂的客观事物的方法。科学思维方法就是用科学的世界观和方法论来分析科学问题的思维方式。它是科学方法在个体思维过程中的具体表现。因此，高中物理课堂思维方法就是对物理现象、物理过程、物理本质等研究过程中所使用的科学思维方法。著名科学家、"两弹一星"奠基者钱学森曾经说："人类大脑的思维过程是人类学习的终极机制。"就物理学科而言，物理思维过程堪称物理教学工作的根本所在。物理课程标准就体现了这一思想，它把"过程与方法"既作为教学目标，又作为教学内容。因此，物理课堂教学要加强对学生物理

思维方法的培养。物理学在长期的发展过程中形成了一系列有效的科学研究方法，其中物理思维方法是物理科学研究方法的重要组成部分，它主要包括提出问题的方法、分析与综合的方法、归纳与演绎的方法、理想模型方法、理想实验方法、类比方法、假设方法等。

第三节 高中物理情感态度与价值观目标的有效教学策略

物理课程标准指出，高中物理为了更好地提升学生的科技素质，从知识与技能、过程与方法、情感态度与价值观等几个层面进行全面的训练，为学生的终身发展打下坚实的基础。情感态度与价值观的教学难以独立于其余两维目标的教学，而且难以测量，因此对这一教学目标不能像传授知识那样直接教给学生，教师要创设机会，让学生通过参与活动，日积月累，感受、体验与内化。实际上，三维目标本身就是一个统一的有机整体，要时刻贯穿整个教学过程。笔者为了分析和研究问题的方便，才把这一目标的有效教学策略独立出来论述，实际的教学过程应该是和知识与技能、过程与方法的教学策略结合在一起的。本节对培养师生之间的感情、展现物理学的科学美进行了探讨。

情感，也称感情，指人的喜怒哀乐等心理表现。情感是人类通过对世界的认知和对世界的改造而形成并发展起来的。情感的表达会随着人们的立场、观点和人生体验的变化而发生变化。高中物理课堂有效教学关注学生情感产生和发展的过程，也是高中物理课程改革的目标之一。在教学中把学生作为一个完整的人来对待，教学必然要考虑学生的情感因素。关注情感目标的高中物理有效教学策略如下。

一、培养师生之间的感情，营造和谐愉快的教学氛围

教师与学生的关系既是教师和学生交流的基本前提，又是促进教师教学和培养学生学习兴趣的重要因素。很难想象，当教师和学生之间产生矛盾时，学生会对教师所教授的课程感兴趣。教师是师生关系中重要的一员。爱教育是建立在对学生的爱的基础上的，而对学生的爱是一切的根本。教师对学生的爱，是要把学生培养成一代有品德、有才能的人。在课堂教学过程中，教师将情感注入课堂，激发了学生的学习情感，才能使他们更好地被教师教导。一名没有情感的教师不会成为一个好教师，更不用说是一个优秀教师了。只有在恰当的情感沟通下，教师才能真正进入学生的内心，并在课堂上建立起一种融洽、愉悦的气氛。需要特别留意的是以下几方面。

（一）教师表情亲切，态度温和

教师慈祥的目光、亲切的微笑，让所有的学生都感到安心，这样才能让他们在接下来的课上保持良好的氛围，也才能使学生自觉关注和产生积极的情感。正如谚语所言，"眼为心之窗"。微笑是教师激发学生创新的动力。用眼神沟通，用微笑来调整教室的氛围，用亲切的态度影响学生，让他们全身心地投入学习。在课堂教学中，教师可以通过与学生讨论学习方法、回答学生的问题，以教师的情感感染学生、调动学生的好奇心、培养学生的学习热情，从而实现师生的感情和谐。在物理教学中，由于陌生、困难、畏缩等因素，不可避免地会出现一些尴尬、害羞的情绪，如果教师面带微笑，亲切、温暖地面对学生，那么就会让学生感到安慰和鼓励，从而战胜害羞和畏缩，建立起自信。教师要更多地用赞赏的眼光去看学生，用"你行"和"你学得很好"来传达情感。教师和学生之间的关系是非常重要的，在教学过程中，教师要适当地使用面部表情，让教学更加生动形象，有助于学生理解和掌握教学的具体内容。

（二）多表扬，用言语和行动交流情感

赞扬与激励对促进学生的发展起着促进作用，对他们的学习也起着促

进作用。师生之间要建立一种互相信赖、互相尊敬的知己关系。学生的学业成绩好坏有赖于教师和学生之间的相互协作。对没有毅力、暂时表现落后的学生，教师要关注他们的学业，给他们提供生活上的支持，并对他们微小的进步进行表扬和激励，使他们感到老师的关怀和期望。另外，教师要在课堂上进行激励式的提问，注重知识点的通俗化，问题的解决做到简洁、易懂。中等水平的问题要留给中等水平的学生，做到对的时候及时表扬和激励；对错误的回答也不要责备，而是要协助他们进行分析，并促使他们重新发现问题，这样才能让他们更好地享受学习知识的快乐。同时，教师的优秀素质更易引起学生的共鸣，从而激发他们对教师的信任，继而激发他们的学习热情，形成良好的师生互动，进而创造出一种和谐、愉悦的教学环境。

二、展现物理学中的科学美，陶冶学生的情操

物理并非有些学生所想的那样枯燥乏味，它包含了大量科学性的内涵。物理是关于自然界最普遍的规律的一门学科，自然界的各种现象错综复杂，而看似杂乱无章的事物中又蕴藏着秩序法则。在众多的秩序形态中，简洁、和谐、统一、对称的美可以使学习和应用物理学的人为之一振。所以，在物理课上，自觉地展示物理中的科学美，能使学生产生对物理的兴趣，从而使他们更好地了解物理的知识和认识物理的意义，进而培养他们的情感。

（一）展现物理学的实验美

许多物理实验在设计和构思方面凝聚着物理学家探索自然的智慧，这些精妙的设计和构思不仅是科学的，而且更像一件件科学艺术精品，教师合理地展现它们，会给学生带来赞叹和美的享受。例如，迈克尔逊—莫雷实验是一种完美的实验，其创意和设计非常精巧。它独特而美的概念是：当"以太"存在时，光线就像一艘在水里行驶的船只。如果要确定"以太"中的"顺行"和"逆行"的速率，就可以确定"以太"的存在与否。实验通过巧妙的计算，排除了所有的错误，并且非常肯定地否认了"以太"与大地的相对移动。爱因斯坦称赞这一实验为物理学所有实验中最美丽的一个实验。

（二）展现物理学的简洁美

错综复杂的物理学中隐藏着大自然内在的规律与法则，规律与法则永远都很单纯。在物理课上，教师要尽量让学生感受到朴素的美，体现出大自然的自然运动规律，让学生感受到大自然的简洁美。牛顿的三条力学和重力定律将伽利略和开普勒的研究结果结合在一起，形成了一个简单的牛顿力学系统。在较高的概念层面上，基于两个更为简单的基础假定，狭义相对论更为精练。大自然的力量是多种多样的，但实际上，它们被归纳成四种力量。这些蕴含在物理学中的简洁美要靠教师在教学中用审美的眼光恰当地向学生渗透，会收到良好的教学效果。

（三）展现物理学的对称美

自然的物质流动和内在的构造是具有普遍性的：具有对称性的空间对称，如镜面对称、轴对称、原点对称；具有周期、节拍等的时间上的对称性；具有空间和空间上的对称性，如匀强电场、匀强磁场；具有数学形式上的对称，如库仑定律与万有引力定律的数学表达式；还有抽象对称美，如光的波粒二象性与德布罗意波的对称、正反粒子的对称、单个电荷与磁单极的对称、宏观的天体运动模型与微观的原子核式运动模型等。对称美历来是诗歌、艺术、园林建筑中人们普遍追求美的标准，教师把这些物理学理论的对称性展现给学生，会给学生以美的愉悦。渗透对称美的教学，可以帮助学生树立科学的物质观、运动观。

第四节　基于信息技术背景的
高中物理课堂有效教学策略

20世纪后期，我国的信息化技术在基础教育中得到了快速发展，不管是在实践上，还是在理论上，都有了很大的成就，人们的注意力逐渐从信息化和资源的构建转移到了对教育的高效利用上。在信息化和教学紧密融合的今天，正如技术上的巨大突破所引发的一场巨大的革命，高效的教学在资讯科技的环境中也在不断地发展。科技发展能够为文化和教育提供多元化的资源。另外，科技正变得越加成熟，能够为人类带来更多的可能，尤其是人们能够将高度发展的资讯储存与近乎个性化的使用体验与广为推广相融合。这是一个在物理课上进行高效教育的研究人员所要解决的问题。因此，在教学实践活动中，正确地掌握有效教学策略、恰当地运用知识和教学方法，是提高教学质量的有效途径。

一、以目标为导向的激励策略

在高中物理的教育工作中，要让学生有一个清晰的学习目标，使其成为一个对社会有意义的人。第一，在目标确立之初，师生双方都要共同努力，将物理教学的任务从上到下层层细化，并制定出具体的操作流程。随着信息化时代的到来，教师的学术权威地位也随之改变，师生之间的关系趋于均衡。教师与学生之间的平等也是教育民主化的必然要求。资讯科技的运用，打破了教师"一统天下"的窘境，网络的广泛传播，使得资讯的传播更为快捷，更为教师与学生引向了一片广袤的资讯之海，让学生可以在问题间联结、在网页间穿梭，非常方便地获得所需的资讯、所要了解的问题、所要寻找的答案。而在教学活动中，资讯科技的运用拓展了师生交往的时间和空间，创造了平等、宽松的交往环境，使教师从一个单一的知识拥有者变成了一个引导者、协商者、合作者和推动者，甚至可以说是教育的主要代言人，从而使学生能够更好地参与到课堂教学中来。让学生参与决定，其最大的好处就是可以引导他们设定更高的目标，激发他们的潜力，激发他们的斗志，最大限度地让他们对自己所选的目标感到满足和自信，从而为达成目的奠定坚实的基础。第二，在教学中，教师要对学生的学习进行有效的教学。为了实现高中物理有效教学，要达到物理课程的教学目标，就要求教师对所有的物理教学过程进行监督。由于信息技术的应用给了学生更多的自由空间，而在知识和信息的冲击下，他们很容易陷入知识和信息的洪流，从而产生迷失和堕落的危险。必须真正地提升学生的自学能力，在资讯科技的环境中，要让学生掌握自己的知识，让他们根据自己的需要，从听觉、视觉、文字、图形等方面，来进行更好的记忆和理解。从建构主义的角度来看，知识与经验不能单纯地靠教师来教授，而要靠学习者自己的认知经历来进行积极的建构。在物理课上，教师要充分利用自己的优势，精心设计和分析哪些材料供学生自主选择，哪些材料供教师精讲，哪些材料讲授与练习相融合，如何让讲授富有启发意义，将物理课由"教"改为"学"，由"被动"改为"主动"，让学生真正地参与到物理教学中来。

二、创造恰当的情境策略

情境化是通过创设特定的体验或贴近现实的情境，从而让新的不确定的知识更容易被了解和认识，从而定义出新的知识。传统的物理教学受到时间和空间的制约，很难对学生的现实情况做出具体的描述，而对知识的理解则与现实的体验背道而驰，教学内容不够逼真，学生对物理知识的学习也不感兴趣。在资讯科技的环境中，教师可以运用文字、图像、声音、动画等多种形式，将物理学科中的重点、难点、热点问题形象地展现出来，让学生能够亲身体验、了解和唤起已经存在的有关知识和体验，有助于他们进行语义建构。在物理教学的最初阶段，教师常常会利用特定的环境来引导学生进入课堂。将情境物理的方法应用于课堂，能激发学生对学习的强烈兴趣和好奇心，使其能够积极地进行探索。在物理教学环境的建构中，教师要创设有价值的、能被学生理解、贴近生活体验的、能引发学生的认知矛盾的情境，从而激发学生强烈的学习动力，并唤起学生内在的需求。

参 考 文 献

［1］李迎，谭嘉进，李艳芳.基于"微课"的创新型大学物理教学模式初探［J］.开封教育学院学报，2016，36（9）：115-116.

［2］窦红平.关于初中物理教学模式和教学方法的创新探讨［J］.中国校外教育，2016（14）：103.

［3］朱毓高.高职院校课堂环境管理研究：基于重庆九所高职的实证分析［D］.重庆：西南大学，2016.

［4］杨达莉，陈赛艳.广西独立学院大学物理教学模式优化改革：基于学生实践创新能力的培养［J］.广西物理，2015，36（4）：48-50.

［5］苏新华.学生创新能力培养的探索：基于初中物理教学视角［J］.读与写（教育教学刊），2015，12（11）：165.

［6］韩秋亮.现代教育技术与高中物理演示实验教学的整合［D］.呼和浩特：内蒙古师范大学，2015.

［7］李启国.初中物理教学模式和教学方法的创新［J］.中国校外教育（上旬），2015（13）：188.

［8］李伟军，彭志华.基于"微课"的创新型大学物理教学模式的初探［J］.黑龙江科技信息，2015（13）：72-73.

［9］张业，李和平.构建主义视角下理工科专业基础课新型教学模式初探：以物理化学与化工热力学教学探索为例［J］.教育教学论坛，2015（1）：120-122.

［10］周兴，黄佳.基于"1234"创新教学模式视角的"工学结合、订单式"人才培养模式研究：以湖南文理学院旅游管理专业为例［J］.湖南农

机，2014，41（8）：88-90，108.

［11］张晓艳，王青狮.基于转变学习方式的建构主义视角下的大学物理教学模式思考［J］.物理与工程，2014（S1）：158-160.

［12］沈霄红.注重初中物理教学模式创新，提升学生自主探究能力［J］.读与写（教育教学刊），2013，10（11）：170.

［13］陈卫东.教育技术学视野下的未来课堂研究［D］.上海：华东师范大学，2012.

［14］李军.高校数字化学习共享空间研究：概念、模型、设计与开发［D］.南京：南京师范大学，2011.

［15］汪皓月.生命教育理念下初中物理学生主体参与型教学模式研究［D］.长春：东北师范大学，2010.

［16］郑雪梅.自组织理论对物理创新教育的几点启示［D］.大连：辽宁师范大学，2010.